KB249041

빛깔있는 책들 103-41

갑사와 동학사

글/박남수, 심대섭, 최응천●사진/박보하

대원사

연혁 – 박남수 ————
동국대학교 사학과를 졸업하고 같은
대학원에서 문학박사 학위를 취득하
였다. 동국대·경기대 강사를 역임하
고 현재 국사편찬위원회 편사연구사
로 있다. 저서로는 『일본6국사 한국관
계기사』(공역)가 있고, 연구논문으로
「신라 화백회의 기능과 성격」, 「신
라 상대 수공업과 장인」, 「신라 승관
제에 관한 재검토」 등 10여 편이 있다.

건축 – 심대섭 ————
연세대학교 건축공학과를 졸업하고 같
은 대학원에서 석사과정을, 고려대학교
대학원에서 박사과정을 수료하였다. 고
건축설계사무소와 시공회사를 거쳐 현
재 대원고건축연구소 대표로 있으며 연
세대학교와 건국대학교에 출강하고 있
다. 한식목조건축의 공포에 대한 논문과
경기도 지정문화재 등의 실측조사 및
중수공사보고서를 다수 집필하였다.

유물 – 최응천 ————
동국대학교와 홍익대학교 대학원 미술
사학과를 졸업하였다. 전남대, 건국대,
숙명여대, 성신여대 강사를 역임했고,
현재 국립중앙박물관 학예연구관과 조
계종 성보문화재 전문위원을 겸하고
있다. 저서로 『한국불교미술대전』(공
저)과 『박물관 밖의 문화유산 산책』이
있으며 「고려시대청동금고의 연구」,
「조선시대 운판에 대한 고찰」, 「일본에
있는 한국 범종」 및 「한국 범종의 특성
과 변천」 등 논문이 다수 있다.

사진 – 박보하 ————
경남 거창에서 태어났으며 네 번의 개
인전과 다수의 단체전을 가졌다. 1993년
월간 『사진예술』에서 주최하는 올해의
사진가상을 수상하였고 1994년에는
『Korean Culture』로 한국일보 출판문화상
사진예술상을 수상하였다. 한국의 전통
문화를 주제로 한 사진들을 주로 촬영
하고 있다.

1 갑사

① 갑사

갑사 대웅전 전경

갑사의 연혁

　갑사는 충청남도 공주시 계룡면 중장리 계룡산(鷄龍山) 서남부 연천봉(連天峰) 아래에 있는 사찰로, 대한불교 조계종 제6교구 본사인 마곡사의 말사(末寺)이다. 공주에서 논산으로 가는 큰길 중간 계룡면 월암리에서 내를 하나 건너면 산간의 작은 들판에 들어서는데 여기서 작은 고개를 하나 넘으면 갑사에 들어가는 길목에 다다른다. 절의 경계를 얼마 안 두고 입구 좌우편에 늘어선 노목들이나 갑사로 오르는 옛길의 길목에 서 있는 지름 50센티미터, 높이 15미터의 철당간(鐵幢竿)은 갑사의 융성했던 때의 모습을 말없이 보여 준다.

　갑사는 갑사(岬寺·甲寺), 갑사사(甲士寺), 계룡갑사(鷄龍甲寺·鷄龍岬寺), 계룡사(鷄龍寺) 등으로 일컬어졌다. '갑사(甲寺)'는 창건할 당시에 풀이 사면의 산을 거느리다가 마치 '甲' 자처럼 가운데 한 곳으로 모여 빼내는 듯한 형상이어서 붙여진 이름이라고 한다. 그러나 확인해 본 결과 9세기 후반에는 갑사(岬寺)로 일컬어졌다가 조선시대 초·중엽에는 계룡사와 함께 계룡갑사(鷄龍甲寺)로 불렸고 그뒤 어느 때부터인가 갑사(甲寺)의 이름이 갑사사, 계룡갑사 등과 함께 사용되었다.

　갑사는 오랜 역사에도 불구하고 관련 사적이 극히 적은데, 효종 10

년(1659) 여주목사 이지천(李志賤)이 지은 공주계룡산갑사사적비문(公主鷄龍山甲寺事蹟碑文)과 고종 24년(1887) 김상표(金商杓)가 지은 「갑사사적시종기(甲寺事蹟始終記)」만이 있을 뿐이다. 이 기록들 가운데 조선시대의 내용은 그런대로 취할 수 있지만 창건 시기 등은 상당한 오류가 있는 것으로 평가되고 있다.

불교의 수용과 갑사의 창건 설화

우리나라 불교는 고구려에서는 소수림왕 2년(372)에 전진의 순도가, 백제에서는 침류왕 원년(384)에 호승 마라난타가 동진으로부터 전래하면서 비롯되었다. 그러나 이는 국가가 불교를 공인한 시기를 의미하며 민간에 전래된 것은 이보다 훨씬 이전으로 보고 있다. 『삼국유사(三國遺事)』「흥법(興法)」편 '아도기라(阿道基羅)' 조를 통하여 3세기 무렵 이미 불교가 우리나라에 전래되었음을 알 수 있다.

아도본비(阿道本碑)에 이르기를, 아도는 고구려 사람으로 어머니는 고도녕(高道寧)이다. 정시 연간(240~248년)에 위나라 사람 아굴마(我堀摩)가 고구려에 사신으로 왔다가 고도녕과 사통하여 돌아갔다. 이로 인하여 고도녕이 임신하였다. 아도가 태어나 5세가 되었을 때에 어머니가 출가하도록 하였다. 나이 16세에 이르러 위나라에 들어가 아굴마를 찾아뵙고 현창(玄彰) 화상의 문하로 들어갔다. 19세에 어머니에게 돌아오니, 어머니께서 '이 나라는 지금 불법을 알지 못한데, 이후 3000여 개월 뒤에 계림(鷄林)에 성왕이 출현하여 크게 불교를 일으킬 것이다. 그 서울에는 일곱 군데의 가람터가 있다. 첫째 금교(金橋) 동쪽의 천경림(天鏡林)〔흥륜사(興輪寺)〕, 둘째 삼천기(三川岐)〔영흥사(永興寺)〕, 셋째 용궁(龍宮)의 남쪽〔황룡사(黃龍寺)〕, 넷째 용궁의 북쪽〔분황사(芬皇寺)〕, 다섯째 사천미(沙川尾)〔영묘사(靈廟寺)〕, 여섯째 신유림(神遊林)〔천왕사(天王寺)〕, 일곱째 서청전(婿請田) 등은 모두 전세(前世) 부처님의 가람터로서 법의 물줄기가 길이 흐르는 곳이니 그 나라에 가서 큰 가르침을 널리 펼치고 마땅히 부처님을 흠향토록 하라'고 일렀다. 아도가 가르침을 받들어 계림에 이르러 왕성 서쪽 마을에 거처하였는데 지금의 엄장사(嚴莊寺)이다. 때는 미추왕 2년(263, 계미)이었다.

이렇듯 아도 설화에 따른다면 이미 3세기 중엽에 우리나라에 불교가 전래되었다고 할 수 있다. 따라서 각 사찰의 창건 시기가 분명하지 않을 때에는 우리나라 불법의 원류로 여겨지는 아도로부터 그 기원을 설정하는 경우가 많다. 갑사의 경우도 아도와 관련된 전설이 있는데, 그것은 갑사의 부속 암자로서 수정봉 아래에 있는 신흥암(新興庵) 천진보탑(天眞寶塔)에 관한 전설이다.

석가모니 부처님이 입적하고 400년 뒤에 중인도 아소카왕이 석가모니의 사리보탑을 발견하여 사리를 48방에 봉안케 하였다. 이때 사천왕(四天王) 가운데 북방을 맡은 비사문천왕이 사리의 일부를 계룡산 자연 석벽에 봉안한 것이 천진보탑이다. 그뒤 아도 화상이 선산에 도리사(桃李寺)를 짓고 지금의 서울로 가는 길에 계룡산을 지나게 되었다. 산중에서 상서로운 빛이 하늘까지 뻗쳐 오르는 것을 보고 찾아가 보니 천진보탑이 있었다. 이로써 탑 아래에 있는 대(臺)에서 예배하고 갑사를 창건하였는데, 이때 아도가 예배한 곳을 배대(拜臺)라고 한다.

이는 우리나라에 불법이 전래되기 이전에 아소카왕의 서원(誓願, 보살이 수행의 목적인 소원을 밝히고, 그 달성을 맹세하는 일)에 따라 부처

천진보탑 보탑은 거북 형상을 이룬 자연석으로 머리 부분은 수정봉을 바라보고 있다. 이 것에 얽힌 전설은 사실 여부를 확인할 수는 없지만 우리나라 초기 불교가 전통적인 자연물 숭배사상과 관련이 있음을 보여 준다.

님의 사리를 봉안한 것을 아도 화상이 불법을 전하는 과정에서 발견하여 갑사를 창건하였다는 내용이다. 실제로 친진보탑이 있는 신흥암에서는 법당에 따로 부처님을 모시지 않고 보탑에 직접 예배를 드리는데, 보탑은 거북 형상을 이룬 자연석으로 머리 부분은 수정봉을 바라보고 있다. 이 전설의 사실 여부는 확인할 수 없지만 우리나라 초기 불교가 전통적인 자연물 숭배사상과 습합(褶合)된 모습을 보여 주는 것으로 이해되고 있다. 아무튼 갑사의 창건과 관련된 이와 같은 전설은 우리나라 불법의 기원이 아도로부터 비롯한다는 관념에서 나온 것이라고 하겠다.

한편 「공주계룡산갑사사적비」에는 신라 진흥왕의 꿈에 금빛 사람이 나타나 천축의 상서로운 신표를 주고 흰말이 나타나 다시 잠궁(潛宮, 물 속에 있다는 신선의 궁전)의 비결을 비침으로써 갑사를 창건했다는 설화를 소개하고 있다. 그러나 이 설화 또한 진흥왕 당시 공주 지방이 백제 영역이었음을 생각한다면 설득력이 없다.

이와는 달리 「갑사사적시종기」에는 본래 "아도 화상이 전세 부처님의 가람터로서 법의 물줄기가 길이 흐를 땅이라고 일컬었던 곳"으로, 백제 구이신왕(420~428년) 원년에 무염 대사(801~888년)가 창건했다고 하였다. 그러나 그 문헌상의 출처로 내세운 『삼국유사』 '아도기라' 조의 기록에는 전세 부처의 가람터로서 흥륜사·영흥사·황룡사·분황사·영묘사·천왕사 등을 들고 있지만 갑사의 이름은 보이지 않는다. 또한 무염 대사가 마치 백제의 구이신왕과 신라 눌지왕(417~457년) 때에 활동한 것처럼 기술하였지만, 무염은 9세기에 활동한 승려로 나말려초 선종(禪宗)의 9개 산문(山門) 가운데 성주산문(聖住山門)을 개창한 선승이었다.

따라서 「갑사사적시종기」에 보이는 갑사의 창건에 관한 내용은 매우 일관성이 없는 것이라고 할 수 있다.

갑사의 창건과 화엄사상

계룡산은 백제 사비시대(538~642년)에 이미 중국에까지 널리 알려져 있었다. 당대(唐代)의 『한원(翰苑)』 '백제' 조에는 "계산(鷄山)은 동쪽에 우뚝하여 사계절의 변화가 중국과 같다"라 하고, 이에 대한 각주로서 다음과 같이 『괄지지(括地志)』의 기사를 인용하고 있다.

『괄지지』에 이르기를 오산(烏山)은 백제의 북쪽 경계에 있는 산인데 초목과 새, 짐승 등이 중국과 같다. 또한 백제의 서울(사비) 동쪽에는 계람산(鷄籃山)이 있고 그 산의 남쪽에는 조조산(祖粗山)이 있다.

계룡산 산북봉 계룡산은 통일신라시대에 나라에서 지내던 제향의 한 등급인 중사에 편입
되어 국가의 평안과 발전을 빌기 위해 산신에게 제사를 지내는 오악 가운데 하나인 서악으
로서 존숭되었다.

 이처럼 계룡산이 중국에까지 알려진 것은 백제가 사비에 도읍을 옮
긴 이후로 백제인들이 이를 매우 중요하게 여겼던 때문으로 생각된다.
갑사의 개창과 관련하여 당시에 활동한 웅주(熊州) 출신의 현광(玄光)
화상을 주목할 수 있다. 그에 대해서는 『송고승전(宋高僧傳)』에 기록되
어 있는데, 남악 혜사(南嶽慧思, 514~577년)에게서 법화삼매(法華三

昧)를 얻어 깨달은 뒤 귀국해서는 웅주 옹산(翁山), 곧 계룡산에 풀집을 짓고 주석(住錫)하여 절을 세웠다고 한다. 「갑사사적시종기」에는 이때 현광이 세운 절이 등라동암(藤蘿洞菴)이며 유일산(有一山)에 남아있는 부도는 현광의 것이라고 하였다. 물론 「갑사사적시종기」에는 이를 진성여왕(眞聖女王) 9년(895)의 일이라고 하였지만 현광은 백제 사비시대에 활동하였던 승려이다.

등라동암은 조선 중종 25년(1530)에 완성된 『신증동국여지승람(新增東國興地勝覽)』에서 확인할 수 있듯이 중종 때까지도 등라사(藤蘿寺)로 존재하였지만, 정조 무렵에 찬술된 『범우고(梵宇考)』에는 "지금은 폐사가 되었다"고 기록되어 있어 조선 중엽 어느 때인가 없어진 듯하다.

한편 부도는 1927년 윤덕영(尹德榮, 1873~1940년)이 지금의 자리에 옮겨 놓기 전에는 수정봉 중턱 중사자암터에 있었다고 한다. 양식상 팔각당탑형 부도로 화순 쌍봉사 철감 도윤(澈鑑道允, 798~868년)의 부도를 계승한 것으로 여겨지고 있지만 도윤에 이어 사자산문(獅子山門)을 실질적으로 세운 제2대 조사 징효 절중(澄曉折中, 826~900년)이 계룡산에 주석한 흔적이 있고, 부도가 있었던 곳이 사자산문과 관련된 중사자암터라는 점에서 절중의 부도가 아닐까 하는 추측도 있다.

아무튼 신라가 삼국을 통일하고 난 다음 계룡산은 나라에서 지내던 제향의 한 등급인 중사(中祀)에 편입되어 국가의 평안과 발전을 빌기 위해 산신에게 제사를 지내는 오악(五岳) 가운데 서악(西岳)으로서 존숭되었다. 이처럼 계룡산이 신라 오악의 하나로 편입된 시기는 문무왕대(661~681년) 말엽이나 신문왕대(681~692년) 무렵으로 여겨진다.

이 무렵 의상(義相, 625~702년)은 태백산에 부석사(浮石寺)를 짓고 화엄종을 폈는데, 그를 종조(宗祖)로 하는 이른바 화엄십찰(華嚴十刹)은 오악을 중심으로 한 것이었다. 갑사 또한 화엄십찰 가운데 하나로, 최치원(崔致遠)이 중국의 팔십화엄경을 번역한 「당대천복사고사주번경

대덕법장화상전(唐大薦福寺故寺主翻經大德法藏和尙傳)」에서 화엄십찰을 언급한 내용 가운데 갑사의 명칭이 처음으로 나타난다.

(우리나라 화엄의 시조는 의상으로 일컫는데) 해동 화엄 대학(海東華嚴大學)의 장소로는 10산이 있다. 중악의 공산(公山) 미리사(美理寺), 남악의 지리산(智異山) 화엄사(華嚴寺), 북악의 부석사, 강주(康州) 가야산(伽倻山) 해인사(海印寺)와 보광사(普光寺), 웅주 가야협(伽倻峽) 보원사(普願寺), 계룡산 갑사(岬寺)〔『괄지지』에 기록된 계람산이 이것이다〕, 삭주(朔州) 화산사(華山寺), 양주(良州)의 금정산(金井山) 범어사(梵語寺), 비슬산(琵瑟山) 옥천사(玉泉寺), 전주(全州) 모산(母山) 국신사(國神寺), 그리고 한주(漢州) 부아산(負兒山) 청담사(靑潭寺) 등 10여 소이다.〔최치원, 「당대천복사고사주번경대덕법장화상전」, 『대정신수대장경(大正新修大藏經)』50, 사전부(史傳部) 2〕

이와 같이 문헌에 최초로 나타나는 갑사의 이름은 갑사(岬寺)로서, 최치원이 앞의 「법장화상전」을 지은 9세기 후반에는 현재의 갑사 대적전(大寂殿) 위치에 존재했던 것으로 여겨진다. 곧 갑사의 대적전 건물 앞쪽과 좌우에는 통일신라기로 여겨지는 건물의 초석이 널려 있는데, 이로 미루어 보아 통일신라 어느 때인가 현재의 대적전 자리 주변에 당우(堂宇, 불상을 모신 집)가 자리잡고 있었으리라 여겨진다. 또 이 무렵에 천불전이나 보광대광명전도 이루어지지 않았나 추측하고 있다.

따라서 계룡산이 신라 오악의 하나로 편입되어 중사의 대상이 되었듯이, 갑사도 신라의 정치적 통일 및 강력한 신라 중대 왕권의 형성과 표리(表裏)를 이루는 화엄사상의 유포와 함께 화엄십찰의 하나로 자리매김했던 것으로 생각된다.

흔히들 화엄사상은 부처의 본원이 되는 비로자나불(毘盧遮那佛)을

대적전 요사 갑사의 대적전 건물 앞쪽과 좌우에는 통일신라기로 여겨지는 건물의 초석이 널려 있는데, 이로 미루어 보아 통일신라 어느 때인가 현재의 대적전 자리 주변에 당우가 자리잡고 있었으리라 여겨진다.

본존으로 하여 절대의 세계를 추구하는 교리를 본령으로 하는 것으로, 부처님이 불법을 전파할 때에 맨 처음에 설한 것이라고 한다. 이는 하나로써 만물을 포섭하고, 만물이 하나라는 것으로 요약되고 있다. 곧 일체 만법이 진계(眞界)에 포괄되어 있어 이로부터 비롯하며, 그것이 자취를 드러내면 유(有)가 되나 본래는 공(空)한 것이다. 그러므로 공과 유를 포괄하였으나 상(相)을 끊는 것이며, 언어와 만상 속에 들어가는 것이지만 자취가 없다.

　이를 깨달아 진각(眞覺)의 경지에 들어서면, 진로(塵勞)와 망습(妄

叠)을 말끔히 떨쳐 버리고 만가지 변화하는 현상계에서도 항상 고요하며 진공(眞空) 가운데에서도 동용(動用)하는 것이다. 따라서 사(事)와 이(理)가 서로 교섭하나 양쪽이 모두 정체(正體)가 없으며, 성(性)과 상이 함께 융통하나 둘 다 각각을 다하지 않음이 없게 된다. 이로써 부처님의 경지를 한 터럭 끝의 먼지에서도 볼 수 있는 것이니, 티끌 하나 속에도 법계를 모두 포함할 수 있다는 것이다.

나말려초의 갑사와 비보사찰설

나말려초의 갑사는 화엄사찰로서 나름대로의 명성을 떨쳤던 것으로 보인다. 「갑사사적시종기」에는 이 무렵 고승들, 이를테면 무염 국사나 도선(道詵, 827~898년), 혜명(惠明, 생몰년 미상) 등과 관련된 사적이 많이 보인다.

「갑사사적시종기」에 창건주로 되어 있는 무염은 선승이긴 하였지만 화엄에도 상당히 정통하였던 것 같다. 그는 9세기 초엽 중국에 가기 전에 부석사의 석징 대덕(釋澄大德)에게 화엄을 배웠고 장경(長慶) 2년(822) 중국에 가서도 대흥성 종남산 지상사(至相寺)에서 화엄을 배운 적이 있다. 그뒤 선문(禪門)에 들어갔다고 하지만 나름대로 화엄에 대하여 상당한 경지에 있었을 것으로 추측된다. 회창(會昌) 5년(845)의 법난(法難)으로 인하여 귀국한 무염은 지금의 공주 서남쪽에 있는 성주사(聖住寺)에 가서 법문을 폈는데, 만일 갑사의 중수와 관련이 있다면 바로 이때가 아니었나 생각된다. 이때 갑사는 화엄십찰 가운데 하나였고 바로 성주사와 인접한 곳에 있었으며, 무염 또한 화엄에 대하여 나름대로 식견을 갖춘 대덕이었기 때문이다.

한편 「갑사사적시종기」는 시간적인 오류가 많긴 하지만 아도와 무염

을 비롯하여 자장, 의상, 도선, 혜명 등 여러 고승들이 갑사의 창건 및 중창과 관련된 듯한 설화를 보여 주고 있다.

특히 이들 설화는 모두 비보설(裨補說, 땅의 기운이 허한 곳을 더하거

계룡산과 갑사 갑사는 나말려초에 화엄사찰로서 명성을 떨쳤는데 이는 일찍부터 우리나라에서 계룡산이 중요하게 여겨졌던 사실과 어느 정도 관련이 있다.

나 지나친 곳을 눌러 인간을 이롭게 한다는 설)과 관련되어 있는데 곧 아도 화상이 갑사를 "전세 때의 부처님 가람터로서 법의 물줄기가 길이 흐를 땅"이라고 일컬었다는 것에서 시작하여, 자장이 당나라에 들어가 돌아오려고 할 때에 원향(圓香)이 "동국의 갑사·황룡사·태화사(太和寺)·월정사(月精寺) 등의 사찰은 가히 널리 세워 불법이 떨어지지 않도록 하라"고 부탁하였다는 등의 내용이 있다.

이후로도 지리를 살피는 어떤 사람이 "근원이 되는 산봉우리가 사방으로 이어져 아홀(牙笏, 조선시대에 1품에서 4품까지의 벼슬아치가 갖던 코뿔소의 뿔이나 상아로 만든 홀)의 형세이고 수구(水口) 위의 장봉(將峯)은 화개(花蓋)의 형상으로 문장과 무술에 능한 승려들이 이 가운데에 수시로 많이 나타난다"고 논하였다 한다. 또 도선이 일행(一行)에게 수학하고 귀국하여 「일맥행사도(一脈行使圖)」로 우리나라의 산천을 본 뒤에 "산의 기운이 모인 곳에 사찰을 세우면 마치 사람의 병이 있는 곳에 짐을 놓고 약을 써서 병의 기운이 저절로 사라져 없어지는 것과 같다. 나라에 있어서도 폐해가 되는 곳이 있는데 그림에 보이는 타점(打點)이 될 만한 곳으로서 3,800 여 군데가 있다. 갑사 또한 타점에 들어가는 곳으로 비보의 점이라고 이를 만하다"고 한 것 등, 갑사가 비보사찰이라는 점을 강조하였음을 주목할 수 있다.

물론 이러한 점은 계룡산이 일찍부터 우리나라에서 매우 중시되고 있었던 사실과 어느 정도 관련이 있겠지만, 나말려초에 비보설이 크게 유행했던 사실과 무관하지 않으며 계룡산 자체가 역대 비보처로서 이름이 높았다는 데서 비롯된 듯하다. 특히 나말려초에 활동하였던 고승들 가운데 무염, 도선, 혜명 등이 관련된 것으로 적고 있어 이 무렵에 이르러 비보사찰설과 관련하여 갑사의 중창에 이 승려들이 어느 정도 관계하지 않았을까 짐작된다. 이후 고려시대 갑사의 사적은 전혀 보이지 않는다.

조선 전기 갑사와 승장 영규

조선시대에 들어서도 계룡산은 나름대로 중요한 숭배 대상이었던 듯하다. 태조 2년(1393) 2월에 이성계는 새로운 도읍을 정하기 위하여 직접 계룡산에 들어가서 산수의 형세를 살피기도 하였고 국가적으로 계룡산신에 대한 제사가 계속 이어졌으며, 태종 14년(1414) 8월에는 예조에서 산천에 대한 제사의 제도를 올리면서 계룡산을 소사(小祀)에 편입하였다.

갑사 또한 조선 초기의 억불숭유 정책 아래에서도 상당한 사세를 지녔던 것으로 여겨진다. 정종은 갑사에 별도로 원당을 마련하여 궁중의 보련(寶輦, 임금이 타는 가마) 1대를 내리기도 하였다. 세종 6년(1424) 4월 경술에는 예조에서 불교의 각 종파를 선종과 교종 양종으로 정리

표충원 임진왜란 때 승병을 일으킨 휴정과 유정, 영규의 뜻을 기려 표충원에 그들의 영정을 모셔 놓았다.

하면서 시원진과 승려의 수를 정하였는데, 이때 갑사가 계룡사란 이름으로 선종에 속하게 되면서 원래의 속전(續田) 100결에 50결을 더 사급받고 승려의 수도 70명으로 정해졌다. 그뒤 조선 전기의 기록에는 보이지 않지만 갑사는 이에 따라 나름대로 사세를 유지하였던 것으로 보인다.

선조 16년(1583)에 북쪽의 여진족 니탕개(尼湯介), 율보리(栗甫里)가 수만 기병을 거느리고 통관진(潼關鎭)과 팔종성(八種城)을 공격한 일이 있었다. 나라에서는 징병하여 이를 막는 한편으로 충청·전라·경상도 삼남 지방 각 사찰의 대종(大鐘)을 군기시(軍器寺, 조선시대 병기 만드는 일을 맡아보던 관아)에 징납토록 하여 대포와 군기를 주조하였다. 갑사의 모든 종도 상납되었는데 난을 평정한 그 다음해 4월에 다시 무게 8천 근의 대종을 주조하여 오늘에까지 전하고 있다. 같은 해 11월에는 돌을 벌채하여 450말의 물을 가둘 수 있는 우물을 만들기도 하였다.

계룡산 갑사는 임진왜란 때에 승장 영규(靈圭, ?~1592년)가 활약했던 것으로 유명하다. 그의 활약상은 『범우고』와 「갑사사적시종기」에 잘 나타나 있다. 영규는 갑사에서 출가하여 휴정(休靜, 1520~1604년)의 제자가 되었는데, 선조 25년(1592) 임진왜란이 일어나 그 해 여름에 왜구가 청주 지방까지 이르렀다. 이때 갑사에 주석하고 있던 영규는 승려 700명을 엄격히 선발하여 승군을 일으켰고 청주 지방의 승려 300명도 참여하였다. 8월에 영규의 승군이 청주를 짓쳐 들어가자 의병장 조헌(趙憲, 1544~1592년)이 이를 듣고 영규와 합세하여 왜병과 싸워 청주를 수복하였다.

금산(錦山)에 있던 왜군 고바야가와(小早川隆景)의 군대가 고경명(高敬命, 1533~1592년)을 패퇴시키고 전라도 지방으로 진격하려 하자 조헌과 영규의 의병은 16일에 북을 치며 진군하여 곧바로 금산의 외곽을 공격하였다. 18일 의병들이 진영을 채 갖추기도 전에 왜병이 쳐들어 와 조헌이 전사하였다. 의병들의 동요가 있었으나 오히려 영규는 조금도 굽히지 않고 빈손으로 적과 싸웠다. 어떤 사람이 영규에게 "의병장 조헌이 이미 죽고 적은 더욱 기승을 부리니 물러섬만 같지 못하다"고 하였으나, 영규는 "죽게 되면 죽는 것이거늘 어찌 홀로 살겠다고 하겠는가"라고 크게 호통치고 종일토록 싸우다가 또한 전사하였다. 이로써 최후의 한 사람까지 왜병과 싸움으로써 왜군의 호남 침공을 끝내 저지하였다.

임진왜란이 일어난 뒤 승병을 일으킨 것은 영규가 처음으로 그뒤 전국 곳곳에서 승병이 일어나는 계기가 되었다. 국가에서는 그의 충의를 포상하여 '복국우세기허당일합대선사(福國佑世騎虛堂一盒大禪師)'를 추증(推贈)하고 고향에 장사지내도록 하였다. 지금 공주 진두면(辰頭面) 유산(柳山)에 그의 무덤이 있다. 영조 14년(1738) 2월 29일 우의정 송인명(宋寅明)이 경연에서 아뢰어 수남리(水南理)에 정문(旌門)을 세워 당시의 뜻을 기리도록 하고 갑사에서도 표충원(表忠院)을 세워 휴정과 유정(惟政, 1544~1610년), 영규의 영정을 모셨다.

조선 후기 갑사와 거듭된 중창

임진왜란 때에도 갑사는 법당 5, 전당 16, 암자 11, 정문(淨門) 1, 누각 1, 종각 1개소로서 오히려 융성할 때와 같았다. 그뒤 갑사는 선조 30년(1597) 정유재란으로 인하여 왜군에게 약탈당하고 불이 나서 승려들이 흩어지고 오직 천불전과 약간의 요사채만이 남았을 뿐 절이 횅하니 비게 되었다.

선조 37년(1604)에 승려 인호(印浩)·경순(敬淳)·성안(性安)·보윤(普胤) 등이 국내의 재물을 두루 모아 대웅전(大雄殿)과 진해당(振海堂), 요사채 등을 건립하였다. 나라에서는 국초의 위전답(位田沓, 관아·학교·절 등의 유지 경비를 마련하기 위하여 따로 마련한 토지)을 돌이켜 지급하니, 승려들이 이에 힘입어 안주함으로써 고승 대덕들이 종종 이어졌다. 이때의 중창과 관련하여 본래 갑사 동쪽 산중의 남사자암에 있던 3층석탑, 일명 공우탑(功牛塔)에 얽힌 전설이 지금까지 전하고 있다.

정유년의 난으로 갑사는 모두 불타버리는 비운을 맞았다. 주지는 잿더미만 날리는 절터를 보면서 옛날의 웅장한 모습이 절로 떠올라 마음이

갑갑하기만 하였다. 이에 재건의 뜻을 세웠으나 물자나 인력이 없었다. 어느 날 막막한 마음으로 잠이 들었는데 하늘에서 누런 소 한 마리가 폐허가 된 법당 마당으로 서서히 내려오는 것이었다. 그리고는 "제가 절을 지어드리겠습니다"라고 말하였다. 소가 말하는 소리를 들은 주지가 놀라 깨어 보니 정말 마당 쪽에서 소 한 마리가 울고 있었다. 소는 그날부터 매일 어디엔가 다녀오곤 하였다. 그럴 때마다 소의 등에는 절을 짓는 데 필요한 재목이나 기와, 양곡 등이 실려 있었다. 마침내 절이 완공되자 소는 지치고 병들어 죽고 말았다. 주지는 소의 공을 기리기 위하여 그 주검을 거두어 묻고 탑을 세웠는데 그것이 바로 공우탑이다.

현재의 공우탑은 대적전으로 가는 서남쪽 개울가에 있는데, 일제에 의한 국권 강탈을 성사시키고 일제의 봉작(封爵)을 받은 윤덕영이 별장을 세우면서 그곳에 옮겨 놓은 것이라고 하며 기단부와 상륜부는 이미 없어졌고 상대 갑석에서부터 3층 옥개석까지만 남아 있다. 이와 관련된 또 다른 전설이 전하고 있다.

옛날 갑사에서 5리쯤 떨어진 곳에 하사자암(下獅子庵)이 있었다고 한다. 이 절은 비구니들이 참선하는 곳이었는데, 절을 짓고 보니 장차 양식을 비롯한 일용품을 운반하기가 막막하였다. 비구니들은 생각 끝에 소 한 마리를 사다 기르기로 하였다. 소는 일할 만큼 자란 뒤로 평생 비구니들을 위해 일용품을 나르다가 병들어 죽었다. 이에 비구니들이 "비록 미물이지만 이 소가 절과 우리를 위해 많은 공이 되었다"고 하여 그 공덕을 기리기 위해 탑을 세운 것이 공우탑이라고 한다.

병자호란(1637년) 이후에 다시 절이 무너지고 훼손이 심해지자 효종 5년(1654)에 승려 사정(思淨)·신징(愼徵)·경환(瓊環)·일행(一

표충원 내부 갑사의 거듭된 중창에는 무염, 도선, 혜명 등 여러 고승들이 관련되어 있다.

行)・정화(正華)・균행(均行) 등이 관찰사 강백년(姜栢年)과 목사 신
숙(申潚)의 도움으로 중창의 불사를 일으켜 모두 옛 경관을 회복하였고
같은 해에 이지천이 비문을 지은 갑사 사적비가 건립되었다. 이후 갑사
는 상당한 사세를 유지할 수 있었던 것으로 보인다. 숙종 38년(1712)
10월 15일부터 17일까지 이해(李瀣, 1691~1779년)가 계룡산을 유람
하고 나서 지은 「유계룡산기(遊鷄龍山記)」가 지금까지 전하고 있어 당
시 갑사의 사세를 어느 정도 짐작할 수 있다.

17일 정묘, … 들과 마을을 지나 15리쯤 가니 갑사 동네 어귀에 다다
랐다. 밖에는 나무 장승을 마주 세워 놓았는데 형상이 보기 싫을 만큼
흉하였다. 동네 어귀에는 많은 느티나무 고목들이 서 있었는데 나뭇가지

사이로 내리비치는 달빛이 괴괴하였다. 1리쯤 가니 문이 있는데 단청과 돌기둥이 모두 영은문(迎恩門)과 흡사하였다. 문을 지나자 잠시 후 절의 스님들이 나타나더니 남여(籃輿, 뚜껑이 없이 의자처럼 생긴 가마)를 교대하여 메고 갔다. 갈수록 경치는 아름다웠다. 절의 문이 있어 들어가니 누각을 비롯하여 여러 방(房)과 집, 법당이 있는데 법당 옆에는 4법당이 있었다. 절은 천여 칸이요, 승려들도 수백 명이라고 한다. … 잠시 후 날이 밝아왔다. 일행과 함께 볼 만한 곳을 두루 살폈다. 사적비와 석비 그리고 철주가 있는데 높이가 수십 장(丈)이고 너비가 2, 3발이 되었다. 이 또한 처음 보는 것이었다. 때는 이미 겨울이었다. 산중의 단풍은 시들었으나 아직 붉은 빛을 띠고 있고, 청황빛으로 물들은 잡목 사이에 있는 붉은 이파리의 산국화는 참으로 아름다워 잊을 수 없다. 이른바 영산전(靈山殿)에는 1천 석불이 있는데 기묘하고 뛰어난 솜씨이다. 대체로 이 절은 충청우도에서 으뜸이라고 한다. 적묵당(寂默堂)에 돌아가니 스님이 포(泡)를 권하므로 둘러앉아 먹은 뒤, 남여를 타고 동네 어귀 밖으로 나와서 말로 갈아탔다.

앞의 기행문에서 당시에 수백 명의 승려들이 주석했다고 한 것은 다소 과장이 있겠지만 갑사의 규모를 짐작케 하는 것으로서, 숙종 41년(1715)에 수십 말의 쌀을 넣을 수 있는 석조(石槽)를 만들었다는 데에서도 어느 정도 인정할 수 있다. 그뒤 정조 21년(1797)에는 원선사(圓禪師)의 중창이 있었다.

그러나 순조 6년(1806)에 큰 화재가 일어나 천불전, 나한전과 각 전당이 소실되었다. 이에 순조 8년(1808)에 새로이 대적전 6칸을 천불전 옛터의 조금 남쪽에 세웠는데 이전의 대적전 6칸과 향각(香閣) 3칸은 물 남쪽에 있었다. 같은 해에 청담(淸潭)이 내원암(內院庵)을 세웠고, 헌종 6년(1840)에는 사자암을, 철종 3년(1852)에는 대비암(大悲庵)을 각각 중수하였다.

고종 12년(1875)에는 혜주(慧珠)·정수(定守)·계원(戒圓)·혜정(慧淨)·계추(桂秋)가 청정한 재물을 내거나 단월을 방문하여 시주(施主)를 얻어 다섯 달 동안 공을 쌓아 일념으로 대웅전 15칸을 중수하였다. 이어 고종 22년(1885) 봄에는 운종(雲宗)·계추·화만(花萬) 등이 단월들과 함께 대웅전을 옛 규모인 24칸으로 증설하여 새로 부처님을 안치하고 탱화를 만드니 산문이 일신하였다. 광무 3년(1899)에는 적묵당을 새로이 건축하였다.

현재 계룡산 연천봉 아래로 늘어선 갑사의 당우는 대웅전을 중심으로 강당(講堂), 대적전, 천불전, 응향각(應香閣), 진해당, 적묵당, 팔상전(八相殿), 표충원, 삼성각(三聖閣), 종각, 요사채 등이 있고 부속 암자로서 내원암, 수정봉 아래의 신흥암, 대성암, 대적암, 대자암 등이 있다.

갑사 입구

갑사의 건축

갑사는 계룡산 연천봉이 서북쪽으로 전개된 계곡 중심부에 자리잡고 있다. 계류(溪流)가 갑사 양쪽으로 흐르며, 가람 주위에서부터 멀리 3면을 둘러싼 산봉에는 수목이 우거져 있어 아름다운 경치를 이루고 있다. 갑사 경계 지역 입구에 있는 주차장과 안내소를 지나 1.2킬로미터 정도 수목이 우거진 길을 따라가면 사찰 중심 구역 입구인 해탈문(解脫門)에 이르게 된다.

갑사 가람은 대체로 대웅전 지역, 대직전 지역, 팔상전 지역, 표충원 지역 등 4개의 구역으로 구분해 살펴볼 수 있다. 이들 각 지역은 제각기 독립된 성격을 지니고 있지만 이들을 종합하면 갑사 가람의 전체적 성격을 파악할 수 있다.

대웅전 지역은 현재 갑사 가람의 중심부를 이루고 있는데 이 지역에는 대웅전을 비롯하여 강당, 삼성각, 응향각, 해탈문, 범종각, 적묵당, 진해당, 요사채, 수각(水閣) 등의 건물이 세워져 있다. 대웅전과 강당 그리고 해탈문이 일직선상에 배치되어 있고 대웅전 앞마당 좌우로 적묵당과 진해당이 대칭으로 자리잡아 중정(中庭)을 구성하고 있다. 대웅전 남쪽과 북쪽으로는 삼성각과 응향각이 세워져 있으며 해탈문 남

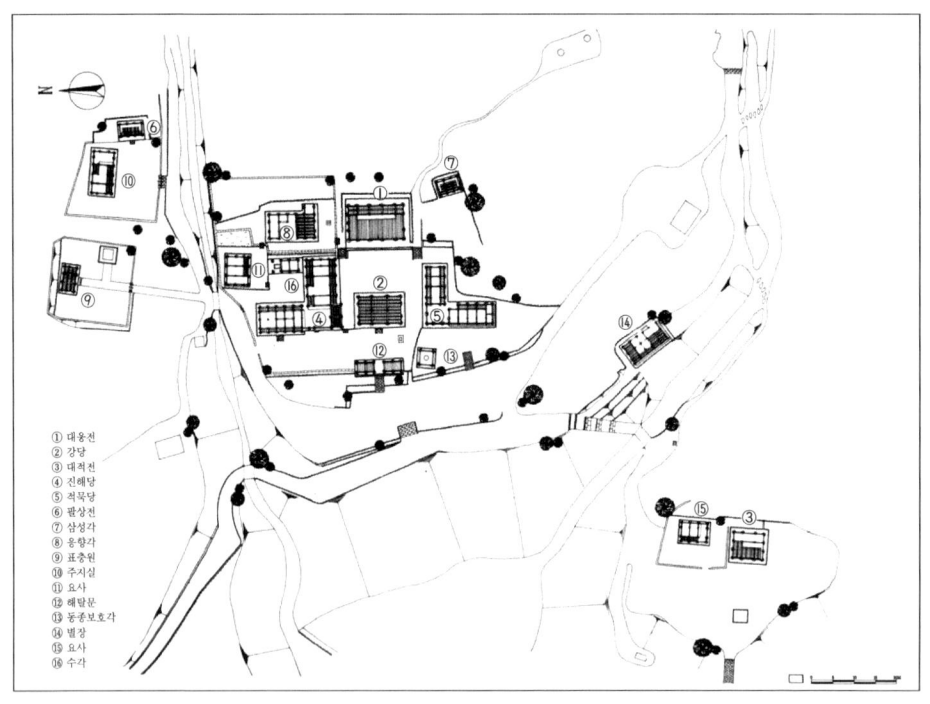

갑사 전체 가람 배치도(「계룡갑사 실측조사보고서」 인용)

① 대웅전
② 강당
③ 대적전
④ 진해당
⑤ 적묵당
⑥ 팔상전
⑦ 삼성각
⑧ 응향각
⑨ 표충원
⑩ 주지실
⑪ 요사
⑫ 해탈문
⑬ 동종보호각
⑭ 별장
⑮ 요사
⑯ 수각

쪽에는 범종각이 자리잡고 있다. 그리고 진해당 뒷마당 쪽으로 수각과 요사 1동이 세워져 후원을 형성하고 있다.

대적전 지역은 대웅전 지역 서남쪽으로 작은 계곡 건너에 자리잡고 있다. 이 지역에는 대적전과 그 북쪽으로 한 채의 요사가 서향으로 나란히 세워져 있다. 그리고 대적전 북쪽 빈터에는 초석들이 지상에 노출되어 있는데 초석 형식으로 보아 고려시대의 건물터로 추정된다. 전하는 바에 의하면 원래 갑사의 중심 지역은 이 지역이었다고 한다. 여기서 앞쪽 내리막길로 조금 내려가면 철당간과 지주가 있다.

팔상전 지역은 대웅전 지역 동북쪽으로 작은 개울을 건너 자리잡고

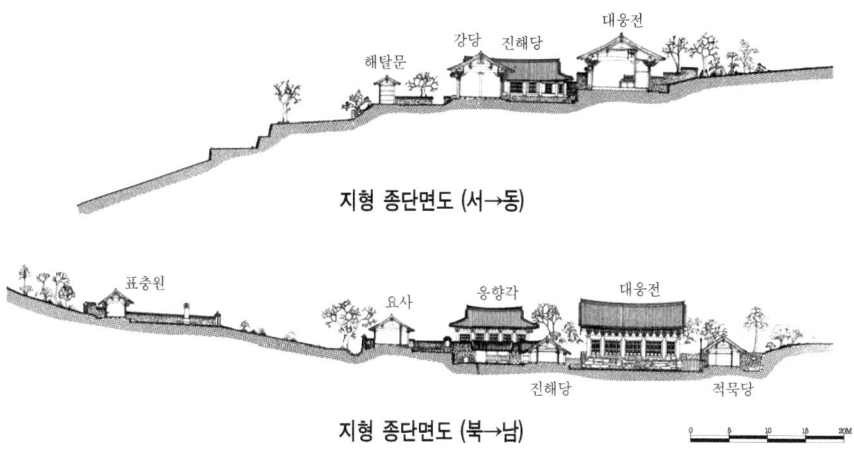

지형 종단면도 (서→동)

지형 종단면도 (북→남)

있다. 이 지역에는 서향의 팔상전과 팔상전 서북쪽으로 요사 1동이 남
향으로 세워져 있으며 주위를 담장으로 둘러 일곽을 형성하고 있다.

표충원 지역은 대웅전 지역 북쪽으로 작은 개울을 건너 팔상전 지역
서쪽에 자리잡고 있다. 이 지역에는 표충원이 남향으로 세워져 있고 그
동남쪽으로 비석 1점이 있으며 주위를 담장으로 둘러 일곽을 형성하고
있다. 이 밖에 대웅전 지역과 대적전 지역 중간에는 조선 말기와 일제
강점기 때 세도가였던 윤덕영이 세운 별장 건물이 남아 있다.

대웅전 지역 건물

대웅전(유형문화재 제105호)

산자락의 경사지에 건물이 들어앉을 자리만 절개하여 가지런히 하
고, 앞쪽은 비교적 높은 기단을 쌓고 건물 뒤쪽과 좌우 측면으로는 석
축을 쌓아 대웅전을 앉혔다. 정면의 기단은 작은 석재로 낮은 하부 기

단을 만든 후 뒤로 약간 물려 상부 기단을 구성하였는데 상부 기단은 큼직한 장대석들 사이사이에 작은 자연석들을 끼워 넣어 높다랗게 만들어 대웅전의 위엄을 드높이고 있다. 기단 위로 오르는 계단은 중앙부에는 설치하지 않고 정면 기단 좌우 끝쪽에 한 곳씩 만들어 일반적인 예와는 다르다.

평면은 정면 5칸, 측면 3칸으로 구성되어 있는데 양쪽 측면 중앙에는 보조 기둥을 1개씩 세워 놓았다. 내부에는 배면 쪽으로 고주(高柱)를 세우고 고주들 사이 3칸에 걸쳐 후불벽(後佛壁)을 구성한 후 그 앞쪽에 불단(佛壇)을 설치해 놓았다. 불단에는 석가모니불을 주불로 하고 아미타불과 약사불을 모셔 삼세불의 형식을 취하고 있으며 그 사이사이에 문수·보현보살·관세음·대세지보살을 봉안해 놓았다. 내부 바닥은 고주열 앞쪽으로는 장마루로, 나머지 배면쪽 툇간열만은 우물마루로 되어 있다.

자연석 덤벙주초 위에 그렝이질(맞닿는 두 부재의 면이 일치하지 않을 때 한 부재의 면을 다른 한 부재의 면에 일치하도록 가공하는 일)하여 기둥을 세웠는데 측면의 보조

대웅전 우측면도(남) 측면 뒤툇간의 널문은 사가 있을 때 후불벽 뒤에 보관되어 있는 괘을 바깥으로 들어내기 위해 설치한 것으로 보다. 벽체는 양쪽 측면 창방 윗부분은 회벽으 창방 아래 부분과 배면은 모두 널재를 사용 판벽으로 되어 있다.

기둥만 네모기둥이고 나머지 갓기둥들과 내진기둥(內陣柱)들은 모두 두리기둥(圓柱)이다. 기둥을 다듬은 형태는 뿌리 쪽보다 머리 쪽을 점차 줄여 다듬은 민흘림 형태가 대부분인데, 정면 양쪽 귀기둥은 다른 기둥들에 비해 약간 굵은 부재를 사용하여 안정감을 주도록 의도하였던 것으로 보인다.

한식(韓式) 목조 건축에서 기둥에 사용되는 기법으로 귀솟음과 안쏠림이 있다. 귀솟음은 중앙칸(御間)에서 모서리 쪽으로 가면서 점차 기

갑사 대웅전 직은 석재로 낮은 하부 기단을 만든 다음 뒤로 약간 물려 상부 기단을 구성하였다. 상부 기단은 장대석들 사이사이에 삭은 자연석들을 끼워 넣어 대웅전의 위엄을 한층 드높이고 있다.

등의 높이를 높여 주는 기법이고 안쏠림은 기둥머리 쪽을 내부로 약간 기울여 세우는 기법이다. 이것은 착시에 의해 수평 부재의 끝부분이 처져 보이거나 기둥머리 부분이 외부 쪽으로 벌어져 보이는 왜곡 현상을 교정하기 위한 전통 의장 기법들이다. 갑사 대웅전에서도 이와 같은 기법들이 사용되었을 것으로 추정되는데 귀솟음 기법의 사용은 비교적 쉽게 확인되지만 안쏠림은 건물의 변형으로 왜곡되어 확인하기가 쉽지 않다.

기둥과 기둥 사이에는 창호나 벽체가 설치되었는데, 대웅전은 정면 5칸 전체와 양쪽 측면의 앞툇간에는 띠살문이 설치되어 있고 양쪽 측면의 뒤툇간과 배면의 중앙칸 그리고 북툇간에는 판문(널빤지로 만든 문)이 설치되어 있으며, 나머지 칸들은 모두 벽으로 되어 있다.

　정면과 측면에 설치된 띠살문은 사찰의 대웅전으로서는 소박하게 처리한 감이 있으며, 법회 등 대규모 행사에 대비하여 정면의 문짝들을 '들어열개 방식' 즉 문짝의 아래 부분을 앞쪽으로 들어 올려 서까래에 달려 있는 들쇠에 걸어 놓는 방식으로 개폐하도록 되어 있는 점 등은 눈여겨보아 둘 만하다. 측면 뒤툇간의 판문은 행사가 있을 때 후불벽 뒤에 보관되어 있는 괘불을 바깥으로 들어내기 위해 설치한 것으로 보인다. 그리고 벽체를 살펴보면 양쪽 측면 창방(대청 위 장여 밑에 대는 넓적한 도리) 윗부분은 회벽으로 되어 있으나 양쪽 측면 창방 아래 부분과 배면은 모두 널재를 사용한 판벽으로 되어 있는데, 이와 같이 불전의 벽체를 판벽으로 하는 것은 대체로 19세기 후반부터의 경향이다.

　전통 건축물에서 공포는 양식이나 연대를 판단하는 데 있어서 기준이 되는 경우가 많으므로 특히 자세하게 살펴볼 필요가 있다. 공포는 기둥 위에 넓적한 사각형 받침인 주두를 설치하고 이 위에 길다란 각재를 가로와 세로로 교차시켜 차례로 몇 단을 쌓아 만들게 되는데, 아랫단과 윗단 부재 사이 결구(結構)를 돕기 위해 작은 사각형 받침인 소로(小櫨)를 설치한다. 공포는 구조상 서까래를 좀더 많이 내밀 수 있게 하여 처마를 깊숙하게 만들어 주며, 의장적으로는 건물을 좀더 높게 만들면서 화려하게 하여 위엄을 갖추거나 웅장하게 보이도록 한다.

　대웅전의 공포는 기둥과 기둥 사이에도 간포(間包)를 설치한 다포식(多包式)으로 안과 밖 모두 각기 3출목(出目)씩이고 출목 간격도 같다. 맞배집의 통상적인 형식대로 측면에는 공포가 설치되지 않았으며 이에 따라 모서리에 세우는 귀기둥 위의 공포도 정면이나 배면 쪽 기둥 위의

대웅전 공포 살미 내부 쪽 끝부분을 소로에서 더 빼내어 연꽃봉오리를 조각하고 위아래 부재가 서로 연결되게 만든 운궁 형태로서 조선시대 중·후기에 나타나는 양식이다.

공포와 비교할 때 구성이나 부재 형태에 차이가 없다.

　보통 주두 위에 직교로 짜맞추는 공포 부재 가운데 보(樑)가 설치되는 방향으로 놓이는 부재를 살미라고 하고, 길이 방향이 도리 방향으로 놓이는 부재를 첨차(檐遮)라고 부르는데, 특히 살미의 형태는 건축 연대를 판단하는 데 중요한 단서가 된다. 살미의 바깥쪽 끝부분은 마치 소의 혀처럼 길게 휘어진 형태로 만들어져 있는데 특별히 이 부분을 쇠서(牛舌, 이두식 표현)라고 부르며, 그 형태는 위쪽으로 휘어진 앙서와 아래쪽으로 휘어진 수서 두 가지가 있다. 다포계 공포에서는 살미가 여러 겹 중첩되므로 쇠서도 마찬가지로 여러 겹으로 중첩되는데 보통 제일 윗단의 쇠서는 수서로 만들고 그 아랫단부터는 모두 앙서 형태로 만드는 경우가 많다.

　그런데 갑사 대웅전에서는 최상단을 제외한 1·2·3단의 쇠서는 앙

대웅전 내부 1고주5량가를 기본으로 하여 출목도리를 보강한 형태이다. 내부에 세워진 고주는 구조적으로도 중요한 역할을 하지만 후불벽과 불단을 설치하고 불상을 안치하여 불전을 위엄있게 하는 데 있어서도 중요하다. (왼쪽)

대웅전 닫집 불상 위로는 운각 형식의 닫집이 설치되어 있다. (오른쪽)

서로 되어 있으나 최상단 살미의 쇠서는 수서가 아닌 초엽형(草葉形)으로 되어 있어 일반 예와는 다르다. 이러한 살미 형태는 17세기 후반에 건립된 것으로 추정되는 금산군 신안사 극락전 등에서도 볼 수 있는데 지역적 특성으로 보인다. 살미의 내부 쪽 끝부분도 소로에서 더 **빼내어** 연꽃 봉오리가 조각되었고 위아래 부재는 서로 연결되게 만든 운궁(雲宮) 형태로서 조선시대 중·후기에 나타나는 양식의 특성을 보여 준다.

기둥, 보, 도리, 대공 등의 부재로 이루어진 집의 골격을 가구(架構)라고 부르는데 가구의 분류는 건물 내부에 세우는 고주와 도리의 개수에 의해 이루어진다. 갑사 대웅전은 1고주5량가를 기본으로 하여 출목도리를 보강한 형태로 볼 수 있다. 내부에 세워진 고주는 구조적으로도 중요한 역할을 하지만 후불벽과 불단을 설치하고 불상을 안치하여 불전을 엄숙하고 위엄있게 하는 데 있어서도 중요하다. 즉 불상의 뒤편으로 후불탱화가 걸리고 그 옆으로 높다란 기둥이 듬직하게 버티고 있는 모습은 보는 이로 하여금 부처의 위신력과 불국토의 장엄함을 느끼게 해주는 또 다른 요소이다. 불단은 하단과 상단으로 구성되어 있는데 하단은 다시 3단의 머름[遠

1고주5량

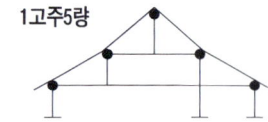

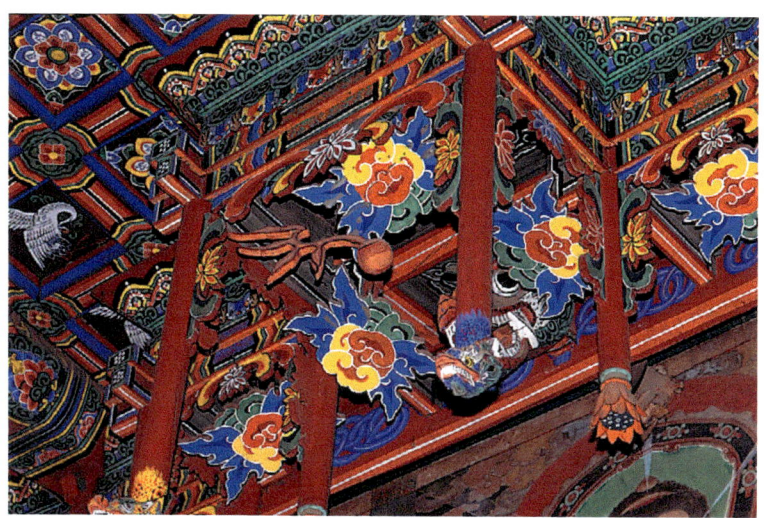

띕, 창문 아래 또는 벽체 아래 부분에 설치하는 장방형 구획의 목조 시설물) 형식으로 만들었고 상단은 1단으로 되어 있다. 불단 측면 쪽으로는 홍살이 세워져 있으며, 불상 위로는 운각(雲閣) 형식의 닫집이 설치되어 있다.

천장의 중앙간 부분은 우물 정(井)자형으로 반자틀을 짜고 각 우물마다 반자편을 설치한 뒤 소란(小欄)을 끼운 소란반자가 설치되었으며, 앞뒤의 툇간 쪽에는 널재를 서까래의 경사에 맞추어 설치한 빗반자가 있다. 이러한 반자 설치 역시 조선 중·후기 다포계 불전에서 일반적으로 볼 수 있는 형태이다.

건물의 외벽 바깥으로 지붕이 더 내밀어져 있을 때 그 하부를 처마라고 하는데, 이 부분은 전통 목조 건축물이 현대식 콘크리트 건물들과 구분되는 특징적인 요소이다. 처마는 서까래만으로 구성되는 홑처마와 서까래와 부연(附椽)이 함께 사용되는 겹처마로 구분된다. 대개 서까래는 단면이 둥근 부재를 사용하고 부연은 장방형 단면의 부재를 사용한다. 갑사 대웅전은 정면과 배면 모두 서까래와 부연을 사용한 겹처마로 되어 있다.

전통 처마에서 가장 특징적인 점은 유려한 한국적 곡선미라 할 수 있는데 처마선에는 앙곡과 안허리라고 하는 기법이 사용된다. 앙곡은 입면상 처마선을 중심부에서 귀쪽으로 가면서 점차 들어주는 기법이고, 안허리는 평면상 처마선을 중심부에서 귀쪽으로 가면서 점차 내밀어주는 기법이다. 전통 한식 건물에서는 지붕의 형태를 가리지 않고 이러한 앙곡과 안허리 기법을 처마에 사용하는 것이 기본이다.

갑사 대웅전 처마에서도 앙곡과 안허리 기법이 사용된 것을 확인해 볼 수 있다. 양쪽 측면에는 풍판(風板)을 설치하여 측면으로 들이치는 비바람을 막고 있는데 풍판의 형태는 중앙부가 완만하게 배부른 만곡형이다. 지붕은 맞배지붕으로 용마루와 박공마루에는 마루 끝에 세우는 우뚝한 암막새인 망와가 설치되어 있으며 기왓골 끝에는 막새와 내림새를 사용하였다. 건물 안팎에는 모두 화려한 금단청(錦丹靑)이 베풀어져 있다.

문헌 자료를 통해 대웅전의 연혁을 살펴보면, 정유재란으로 당우가 모두 소멸된 후 선조 37년에 대웅전이 중건되었고, 병자호란 이후 다시 절이 무너지고 훼손이 심해지자 효종 5년에 낡고 피폐한 당우를 대대적으로 개축, 중수하여 옛 경관을 회복하였다고 하는데 이때 대웅전도 같이 개축 또는 중수되었는지는 불확실하다.

이후 고종 12년에는 다시 대웅전 15칸을 중수하였으며 이어 고종 22년에는 대웅전을 옛 규모인 24칸으로 증설하여 새로 부처님을 안치하고 탱화를 만들어 산문을 새롭게 하였다. 그런데 현재의 대웅전은 15칸이므로 고종 22년의 증설 기록에 대해서는 의문이 생긴다. 더욱이 대웅전 후불탱화의 화기(畵記)에 의하면 후불탱화는 옹정(雍正) 8년(1730)에 제작된 것이므로 앞의 기록과 서로 다름을 알 수 있다.

그리고 건물 각부의 고찰에서 나타나듯이 현재의 대웅전이 17세기에 중수된 것으로 보기에는 곤란한 점이 많다. 문헌에는 1654년 개축·중수 이후 1875년에 중수한 것으로 기록되어 있으나 현재 대웅전의 세부 기법은 1654년보다는 늦고 1875년보다는 이른 것으로 보인다. 또한 두 시기 사이에는 221년의 간격이 있는데 옛 건물들은 80~90년 정도마다 한 번쯤 중수를 하는 것이 일반적이므로 갑사 대웅전도 두 시기 사이에 두세 차례 중수가 있었을 것으로 추정된다. 현재의 대웅전 세부 기법과 정황으로 보아서는 후불탱화가 제작된 1730년경에 개축 또는 중수된 것으로 보는 것이 타당한 것으로 생각된다.

강당

솟을대문 형식으로 되어 있는 해탈문에 들어서면 전면에 다포집인 강당 건물이 먼저 눈에 들어오며 강당 좌우측에는 요사채인 진해당과 적묵당이 자리잡고 있다. 경사지에 건물이 세워진 관계로 앞쪽에는 자연석 바른층쌓기로 된 기단을 약간 높게 놓았고 건물 뒤쪽과 양쪽 측면으로는 외벌대의 낮은 기단을 쌓았다. 기단 위로 오르는 계단은 중앙부에 설치되이 있다.

평면은 정면 3칸, 측면 3칸으로 구성되어 있는데 중앙칸에는 가운데에 고주가 1개씩 세워져 있어 2칸으로 되어 있다. 이러한 구성은 원래 이 건물이 문(門)으로 사용되었던 자취로 보인다. 내부 바닥에 설치되어 있는 우물마루도 후대에 부가된 시설로 판단된다.

기둥은 자연석 덤벙주초 위에 세워져 있는데 모두 두리기둥이며 기둥을 다듬은 형태는 민흘림으로 되어 있다. 강당에서도 대웅전과 마찬가지로 귀솟음 기법이 사용된 것으로 보인다. 정면과 배면은 칸마다 창호가 설치되어 있고 양쪽 측면은 모두 벽체로 되어 있다. 정면 중앙칸과 배면 3칸에는 궁판 달린 사분합정자살문이 있고 정면의 두 협간에

강당 평면은 정면 3칸, 측면 3칸으로 구성되어 있는데 중앙칸에는 가운데에 고주가 1개씩 세워져 있어 2칸으로 되어 있다. 측면에는 공포가 설치되어 있지 않으며 풍판이 없어 가구의 구성 모습을 확연히 파악할 수 있다.

는 각기 두짝판문이 있는데 중앙칸과 배면의 문짝들은 건물 용도가 바뀌면서 새로 설치된 것으로 보인다.

강당의 공포는 대웅전과 마찬가지로 기둥과 기둥 사이에 간포를 설치한 다포식으로 안팎 모두 각기 2출목씩이고 출목 간격도 차이가 없으며 측면에는 공포가 설치되지 않았다. 살미의 쇠서는 초제공(1단)과 이제공(2단)은 앙서로 되어 있고 삼제공(3단)은 연꽃을 조각해 놓아 최상단의 쇠서가 수서 형태로 되어 있는 통상적인 형태와는 다르다.

대웅전의 공포와 부재 형태를 비교해 보면 최상단 외부 끝 쪽을 초엽이나 연꽃 같은 조각으로 처리하고 그 아랫단들은 모두 곡선으로 된 앙서로 만든 점은 같으나 앙서의 형태에는 차이가 있다. 즉 대웅전의 앙서는 살미 몸체의 아랫면보다 내려오지 않았으나 강당의 앙서는 살미 몸체의 아랫면보다 아래로 더 처지게 만들어져 보다 단순하면서도 강직한 느낌을 주는데 이러한 형태는 조선 중기의 공포에서 나타나는 특징 가운데 하나이다. 따라서 공포 부재의 형태로 보아서는 강당이 대웅전보다 먼저 건립된 것으로 판단된다.

가구는 중앙칸이 1고주5량가이고 양쪽 측면은 2고주5량가로 되어 있는데 주심도리의 안팎으로 내목도리와 외목도리가 설치되어 있어 이들을 합친 도리의 개수는 9개이다.

천장은 지붕의 아랫면에 있는 서까래가 그대로 천장면이 되는 연등천장이다. 조선 중·후기 다포계 불전에서 일반적으로 반자를 설치하는 형식과는 차이가 있는데 이것은 처음부터 이 건물이 강당으로 건립된 것이 아니고 문으로 건립되었다가 뒤에 용도가 변경되었기 때문으로 보인다. 빈자가 없어서 보, 도리, 대공 등 가구를 구성하고 있는 부재들이 모두 노출되므로 부재의 형태와 가공에 의장적 배려를 하여 마루대공은 파련대공(波蓮臺工) 형태로 다듬었고 고주와 종보의 보아지에도 초각하여 모양을 내었다.

내부의 처마는 정면과 배면 모두 서까래와 부연을 사용한 겹처마로 되어 있다. 양쪽 측면에는 풍판을 설치하지 않아 가구의 구성 모습을 확연히 파악할 수 있다. 지붕은 맞배지붕으로 용마루와 박공마루에는 망와가 설치되어 있으며 수키와 마구리는 와구토(瓦口土, 수키와의 끝에 물린 회백색 흙)로 마감되어 있다. 건물 안팎으로는 모로단청(부재의 머리 부분에만 무늬를 넣은 단청)이 베풀어져 있다.

강당 내부 천장은 지붕의 아랫면에 있는 서까래가 그대로 천장면이 되는 연등천장이다. 조선 중·후기 다포계 불전에서 일반적으로 반자를 설치하는 형식과는 차이가 있는데 이것은 처음부터 이 건물이 강당으로 건립된 것이 아니고 문으로 건립되었다가 뒤에 용도가 변경되었기 때문으로 보인다. (위, 아래)

강당의 공포 살미의 쇠서는 초제공과 이제공은 앙서로 되어 있고 삼제공은 연꽃을 조각하여 최상단의 쇠서가 수서 형태로 되어 있는 통상적인 형태와는 다르다.

보수 공사할 때 발견된 상량문(上樑文)에 의하면 만력(萬曆) 42년 (1614)에 창건된 이후 가경(嘉慶) 3년(1798)에 중수하였고 다시 광서 (光緒) 16년(1890)에 중수하였다고 기록되어 있다. 특히 강당이 아니고 정문으로 기록되어 있는 점이 눈에 띄는데 언제부터 강당으로 불렀으며 또 이에 따른 변형이 이루어졌는가는 불확실하다.

삼성각

대웅전 남쪽에 정면 3칸, 측면 2칸 규모로 세워져 있다. 자연석 기단에 다듬은돌 원형 초석을 설치하고 두리기둥을 세웠다. 내부 바닥은 우물마루로 되어 있고 배면 벽에 불단이 설치되어 있다. 불단에는 중앙에 칠성탱화, 좌우로 산신탱화와 독성탱화를 봉안해 놓았다.

정면에는 칸마다 두짝띠살문이 설치되어 있고 나머지 칸들에는 벽체가 설치되어 있다. 정면과 배면에는 이익공(二翼工) 양식의 공포를 설치하였는데 특히 공포대 부분에 의장적 배려를 하였음을 알 수 있다. 쇠서는 초익공에서는 앙서 윗면에 연꽃을 조각하였고 이익공은 수서로 하였으며, 기둥 사이에는 화반(花盤)을 1개씩 설치하고 운공(雲工)도 끼워 놓았다. 또한 보머리에는 봉두(鳳頭)를 조각하고 특히 귀기둥에는 45도로 익공을 끼워 놓았다.

가구는 3량가로 간결하게 처리하였고 대들보 높이에는 우물반자를 설치했다. 맞배지붕으로 꾸몄고, 처마는 정면과 배면 모두 겹처마로 하였으며 측면에는 풍판을 설치하였다.

삼성각 대웅전 남쪽에 정면 3칸, 측면 2칸 규모로 세워져 있다.

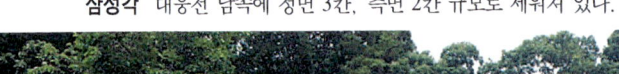

삼성각 내부 배면 벽에 붙여 불단이 설치되어 있는데, 불단에는 중앙에 칠성탱화, 좌우로 산
신탱화와 독성탱화를 봉안해 놓았다.

응향각

　대웅전 북쪽에 세워진 응향각은 담장으로 구획되어 별도의 공간으로
조성되었다. 자연석 기단에 덤벙주초를 설치하고 두리기둥을 세웠다.
평면은 정면 5칸, 측면 3칸에서 남쪽 1칸만 배면 쪽으로 1칸을 덧달아
낸 형태이다. 5칸 가운데 북쪽 1칸은 『월인석보(月印釋譜)』 경판(經板)
을 보관하는 곳으로 바닥은 우물마루로 되어 있고 다음 2칸은 온돌방,
남쪽 2칸은 마루방으로 우물마루가 설치되어 있다. 정면에는 칸마다
두짝띠살문이 있고 경판 보관실에는 남쪽과 동쪽으로 조그만 살창이
한 곳씩 나 있다.

　정면과 남쪽 면에만 1출목 이익공 양식의 공포를 설치하였고 나머지
면은 민도리 양식으로 처리하였다. 쇠서는 초익공과 이익공 모두 앙서
로 되어 있다. 처마도 정면과 남쪽 면은 겹처마로 꾸몄으나 나머지 면
에서는 홑처마로 하여 차이를 두었다. 이와 같은 차이는 동선에 따른

시각을 고려한 의장적 배려로 보인다. 가구는 1고주5량가로 구성하였고 내부에는 우물반자를 설치해 놓았다. 정면에서는 팔작지붕으로 보이나 배면 쪽은 양측 끝칸에 박공을 설치한 맞배지붕 형식으로 처리하여 측면과 배면에서 특이한 외관을 보여 주고 있다.

해탈문

갑사 경내로 들어서는 문이다. 정면 5칸, 측면 1칸으로 된 건물의 중앙칸을 문으로 사용하고 나머지 칸들은 불구(佛具) 및 기념품 판매 시설로 사용하고 있다. 중앙칸은 다른 칸들보다 지붕을 높게 하여 맞배형식으로 꾸미고 좌우 끝쪽은 팔작지붕으로 만들어 양반집의 솟을대문 문간채 같은 느낌을 준다. 자연석 기단 위에 덤벙주초를 놓고 네모기둥

해탈문 중앙칸은 다른 칸들보다 지붕을 높게 하여 맞배형식으로 꾸미고 좌우 끝쪽은 팔작지붕으로 만들어 양반집의 솟을대문 문간채 같은 느낌을 준다.

을 세웠다. 민도릿집 3량가의 간결한 구성이다. 중앙칸 상부에는 홍살을 설치해 놓았고 처마는 홑처마로 되어 있다.

범종루

정면 1칸, 측면 1칸의 사모정(네모반듯하게 지은 정자)이다. 잘 다듬은 장대석으로 외벌대의 기단을 설치하고 원형 주좌의 다듬은돌 초석을 사용하였다. 두리기둥을 세우고 동쪽 면에만 두짝판문을 설치하였으며 문이 없는 칸의 하부에는 판벽을, 상부에는 살창을 설치해 놓았다.

창방뺄목은 초각으로 되어 있고, 기둥 위에는 주두를 설치하여 위의 처마도리와 장여를 받치고 있다. 대들보는 위로 휘어진 부재를 사용하

범종루 두리기둥을 세우고 동쪽 면에만 두짝문을 설치하였다. 문이 설치되지 않은 칸의 하부에는 판벽을, 상부에는 살창을 설치해 놓았다.

였고 대들보 위로 도리와 장여를 사용하여 방형틀을 짜서 서까래 뒷몸
을 받고 있다. 대들보 위 중앙부에는 찰주(擦柱)를 세워 꼭대기의 절병
통(節甁桶, 지붕 마루의 가운데에 세우는 탑 모양의 기와나 돌로 만든 장
식)을 받치고 있으며, 처마는 겹처마로 되어 있다.

적묵당 평면은 'ㄴ'자 형태로, 꺾임부에는 부엌이 설치되고 나머지 칸들은 대부분 앞뒤로 툇마루가 설치된 온돌방으로 구성되어 있다.

적묵당

대웅전 향우측에 자리잡고 있으며 요사채와 종무소로 사용되고 있다. 평면은 'ㄴ'자 형태로 되어 있는데 남쪽 6칸, 서쪽 8칸이고 북쪽과 동쪽은 각기 2칸과 3칸으로 되어 있다. 꺾임부에는 부엌이 설치되고 나머지 칸들은 대부분 앞뒤로 툇마루가 설치된 온돌방으로 구성되어 있다. 기단은 지형에 맞추어 북쪽과 서쪽은 비교적 높게, 동쪽과 남쪽은 낮게 자연석으로 축조되었으며 계단은 서쪽과 남쪽에 각각 두 곳이 설치되어 있다.

기둥은 자연석으로 된 덤벙주초 위에 세워져 있는데 두리기둥과 네모기둥을 함께 사용하였다. 주로 외진기둥〔外陳柱, 갓기둥〕으로 두리기둥을 사용하였고 일부를 제외하고는 네모기둥을 내진기둥으로 사용하였다. 온돌방의 출입문은 모두 띠살문이고 부엌에는 판문이 설치되어 있다. 외부와 면한 부엌의 벽체는 판벽으로 되어 있고 상부에는 살창이 설치되어 있다.

초익공 양식의 공포를 사용하였으나 앞면과 뒷면 쪽의 짜임에는 차이가 있다. 가구는 북쪽 채와 서쪽 채 모두 5량가로 구성되어 있는데, 내진기둥을 세우고 그 앞뒤 사이에 대들보를 걸고 내진기둥과 외진기

등 사이에는 툇보를 걸었다. 내진기둥과 외진기둥의 높이 차이는 주두 높이 정도이다. 그리고 중도리의 위치도 내진기둥 상부가 아니고 종도리 쪽으로 더 좁혀진 위치이다. 온돌방에는 반자를 설치해 놓았다.

처마는 모두 서까래만을 사용한 홑처마이다. 지붕은 팔작지붕으로 용마루와 합각마루 그리고 추녀마루에는 망와가 설치되어 있으며 수키와 마구리는 와구토로 마감되어 있다. 적묵당은 광무 3년에 중수된 건물로 전해진다.

진해당

대웅전 향좌측에 자리잡고 있는 진해당은 맞은편의 적묵당과 대칭되는 건물로 현재 요사채로 사용되고 있다. 평면은 'ㄴ'자 형태로 되어 있는데 남쪽 9칸, 서쪽 9칸이고 동쪽과 북쪽은 각각 4칸으로 되어 있다. 이 건물은 원래 있던 요사를 헐고 최근에 새로 고친 것으로 앞뒤로 툇마루가 설치된 온돌방으로 구성되어 있다.

기단은 지형에 맞추어 남쪽과 서쪽은 비교적 높게, 동쪽과 북쪽은 낮게 자연석으로 축조되어 있다. 기단 위로 오르는 계단은 서쪽 면 중앙에 한 곳 설치되어 있다. 다듬은돌 방형 주초 위에 두리기둥을 세웠다. 온돌방의 출입문은 모두 궁판이 달린 띠살문이다.

초익공계 공포를 사용하였고 가구는 2고주7량가로 구성되어 있다. 처마는 모두 서까래와 부연을 사용한 겹처마로 되어 있다. 팔작지붕의 용마루에는 용두가, 합각마루와 추녀마루에는 망와가 설치되어 있으며 수키와 마구리는 와구토로 마감되었다.

문헌에 의하면 진해당은 선조 37년에 중건되었고 병자호란 이후 다시 절이 무너지고 훼손이 심해지자 효종 5년에 낡고 피폐한 당우를 대대적으로 개축 중수하여 옛 경관을 회복하였다고 하며 이후 고종 12년에 중건하였다고 전해진다. 그러나 현재의 건물은 이러한 연혁과는 관

진해당 대웅전 향좌측에 자리잡고 있는 진해당은 맞은편의 적묵당과 대칭되는 선물로 현재는 요사채로 사용되고 있다.

련짓기 어려운 새로운 건물로 지어져 아쉬운 감이 있다. 평면 일부에 옛 모습이 남아 이전 건물에서 볼 수 있었던, 꺾임부에 위치한 부엌 부분의 충량(衝樑)과 그 상부의 가구 짜임 그리고 남서 양쪽으로 합각을 만들어 특색 있는 외관을 만들었던 부엌 부분의 지붕 모습 등은 사라지고 말았다.

　진해당 뒷마당에는 수각 1동과 그 북쪽으로 요사 1동이 더 세워져 있다. 수각은 정면 3칸, 측면 1칸의 우진각집으로 최근에 지어진 것이다. 요사채는 정면 3칸, 측면 3칸의 팔작집이다.

대적전 지역 건물

대적전

현재의 갑사 경내에서 계곡 건너편 원래의 금당터〔原金堂址〕로 추정되는 곳에 요사채 1동과 일곽을 이루면서 서향에 자리잡고 있다. 정면은 장대석 바른층쌓기로 세벌대의 기단을 쌓았고 배면과 좌우 측면으로는 외벌대의 낮은 기단을 쌓았다. 기단 위로 오르는 계단은 중앙부에 설치되어 있다.

평면은 정면 3칸, 측면 3칸으로 구성되어 있는데 중앙칸에는 배면 쪽에 고주가 1개씩 세워져 있다. 고주열에 맞추어 3칸 전체에 후불벽을 설치하고 그 앞쪽으로 불단을 설치해 놓았다. 불단에는 석가모니불을 주존으로 좌우에 문수보살과 보현보살을 협시(脇侍)로 봉안해 놓아 건물 명칭과는 맞지 않는다. 즉 대적전에는 비로자나불을 주불로 봉안하는 것이 일반적인데 후대에 불상 봉안이 잘못된 것으로 보인다.

후불벽의 앞쪽 바닥은 우물마루로 되어 있으나 뒤쪽은 온돌을 들여 별개의 방으로 사용하고 있어 특이하다. 기둥은 자연석 덤벙주초 위에 세워져 있는데 모두 두리기둥이며 민흘림이다. 정면 3칸과 북쪽 면 앞 뒷간에는 창호가 설치되어 있는데 형태는 모두 궁판 달린 띠살문이다.

대적전의 공포는 다포식인데, 외2출목 내3출목으로 구성되어 대웅전과 강당에서 내외출목 수가 같았던 공포 구성과는 차이가 있다. 대체로 조선 후기로 오면서 내출목 수가 외출목 수보다 많아지는 경향을 보인다. 쇠서는 정면과 양측면의 초제공과 이제공에서는 상부에 연꽃봉오리를 조각한 앙서로 되어 있고 삼제공에서는 수서로 되어 있으나 배면 쪽만은 쇠서 없이 직각으로 재단한 뒤 하부를 둥글게 굴린 교두형으로 다듬어 놓았다. 이러한 차이는 대개 경제적 문제에서 비롯된 경우가 많다.

가구는 1고주5량가이며 주심도리의 바깥쪽으로 외목도리가 설치되어

대적전 현재의 갑사 경내에서 계곡 건너편 금당터로 추정되는 곳에 요사채 1동과 일곽을 이루면서 서향으로 자리잡고 있다. 불단에는 석가모니불을 주존으로 좌우에 문수보살과 보현보살을 협시로 봉안해 놓아 건물 명칭과는 맞지 않는다. (위, 아래)

대적전 천장 내부에는 우물반자를 설치하여 천장으로 꾸몄는데 중앙칸에서는 종량 높이에, 주위 둘레에는 대들보 높이에 설치하여 층단 천장으로 만들었다.

있어 이를 합친 도리의 개수는 7개이다. 내목도리는 설치되지 않았다. 내부에는 우물반자를 설치하여 천장으로 꾸몄는데 중앙칸에서는 종량 높이에, 주위 둘레에는 대들보 높이에 설치하여 층단 천장으로 만들었다. 중앙칸의 천장을 한 단 높인 것은 불상에 대해 닫집을 설치한 것과 같은 효과를 내고 있다.

처마는 네 면 모두 서까래와 부연을 사용한 겹처마로 되어 있다. 지붕은 팔작지붕으로 용마루와 합각마루 그리고 추녀마루에는 망와가 설치되어 있으며 수키와 마구리는 와구토로 마감되어 있다. 건물 안팎으로는 얼금모로단청(모로단청에 약간의 금무늬와 채색을 더한 단청)이 베풀어져 있다.

문헌에 의하면 순조 8년(1808)에 대적전 6칸을 천불전 옛터에서 조금 남쪽에 세웠다는 기록이 있으나 현재의 대적전을 의미하는지는 불확실하다. 현재의 대적전 세부 기법과 정면 중앙칸에 걸려 있는 현판의 '도광6년4월목암서(道光六年四月牧岩書)'라는 기록으로 보아 늦어도 도광 6년(1826) 이전에 건립된 것으로 보인다.

요사채

대적전 북쪽에 서향하여 세워진 건물로 정면 3칸, 측면 3칸 규모이다. 북쪽 2칸은 앞퇴 부분을 툇마루로 꾸미고 뒤쪽으로 온돌방을 들였으며, 남쪽 1칸은 부엌으로 사용하고 있다. 나지막한 막돌기단 위에 덤벙주초를 놓고 네모기둥을 세웠다. 온돌방에는 칸마다 두짝띠살문을 설치하였고, 부엌에는 남쪽 면 중앙칸에 두짝판문을 달아 놓았다. 부엌 부분의 남쪽 면 벽체 하부는 판벽으로, 상부는 회벽으로 되어 있고 서

대적전 요사채 대적전 북쪽에 서향하여 세워진 건물로 정면 3칸, 측면 3칸 규모이다.

쪽 면 벽체 하부는 판벽, 상부는 살창으로 되어 있다.

민도릿집이며 가구는 2고주5량가로 구성되어 있다. 처마는 모두 홑처마이고 지붕은 팔작지붕으로 용마루와 내림마루에는 망와가 설치되었으며, 수키와 마구리는 와구토로 마감되어 있다.

팔상전 지역 건물

팔상전

대웅전 지역에서 조그만 개울을 사이에 두고 북동쪽으로 조금 떨어진 곳에 있으며 요사 1동과 담장으로 구획되어 일곽을 이루고 있다. 정면 3칸, 측면 1칸의 건물을 서향하여 세웠다. 자연석 기단 위에 덤벙주초를 놓고 두리기둥을 사용하였으며 정면 3칸에는 삼분합띠살문을 칸마다 설치하였다. 북쪽면에는 정면 쪽으로 판문 한 짝이 설치되어 있고 나머지 칸들은 벽으로 처리되었다.

내부 바닥은 우물마루로 되어 있고 배면과 측면 벽에 붙여 불단이 설치되었다. 팔상전에는 석가모니의 일대기를 팔상으로 나누어 도설한 불화를 봉안하는 것이 원칙이나, 갑사 팔상전에는 석가모니 불상만이 봉안되었고 내부 북쪽 벽에 쌍림열반상(雙林涅槃相)이 벽화로 그려져 있다. 진품 팔상도(八相圖)는 현재 갑사 창고에 보관되어 있다.

정면과 배면에는 다포계 양식의 공포를 설치하였는데 외부는 2출목으로 되어 있으나 내부는 출목 없이 운궁형으로 되어 있어 내부와 외부의 처리 수법에 차이가 있다. 내부 쪽을 간결히 처리한 것은 소규모의 불전에서 내부 공간이 너무 협소하게 느껴지는 것을 방지하기 위한 것으로 보인다. 주상포에는 주두에서 창방에 이르는 안초공(按草工)을 설치해 놓았다. 초제공과 이제공의 쇠서는 앙서 윗면에 연꽃을 조각하

팔상전 정면 3칸, 측면 1칸의 건물을 서향하여 세웠다. 자연석 기단 위에 덤벙주초를 놓고 두리기둥을 사용하였으며 정면 3칸에는 삼분합띠살문을 칸마다 설치하였다. 내부에는 석가모니 불상만이 봉안되었고 북쪽 벽에 쌍림열반상이 벽화로 그려져 있다. (위, 아래)

였고 삼제공에서는 초엽 형태로 하였다. 또한 보머리에는 봉두를 조각하여 끼워 놓았다.

가구는 3량가로 간결하게 처리하였는데 주심도리를 설치하지 않고 외목도리만을 설치해 놓았다. 대들보 높이에는 우물반자를 설치해 놓았다. 맞배지붕으로 꾸몄고 처마는 정면은 겹처마로, 배면은 홑처마로 되어 있으며 측면에는 풍판이 설치되어 있다.

요사채

팔상전 서쪽에 남향으로 세워진 건물로 정면 5칸, 측면 3칸 규모이다. 서쪽 3칸은 앞퇴 부분을 툇마루로 꾸미고 뒤쪽으로 온돌방을 들였는데 중앙칸 부분만은 뒤쪽에도 마루를 설치해 놓았다. 동쪽 2칸은 부엌으로 사용하고 있다.

자연석 기단 위에 덤벙주초를 놓고 네모기둥을 세웠다. 온돌방은 칸마다 정면에는 두짝띠살문을, 배면에는 외짝띠살문을 설치해 놓았다. 부엌은 동쪽 면 중앙칸에 두짝판문을, 배면에는 외짝판문을 달아 놓았으며 외부와 면한 부엌 부분의 벽체 하부는 판벽으로, 상부는 살창으로 되어 있다. 민도릿집이며 가구는 2고주5량가로 구성되어 있다. 처마는 모두 홑처마이고 지붕은 팔작지붕으로 용마루와 내림마루에는 망와가 설치되어 있으며 수키와 마구리는 와구토로 마감되었다.

표충원 지역 건물

표충원

대웅전 지역에서 조그만 개울을 사이에 두고 북쪽으로 조금 떨어져 영각(影閣) 1동과 비석 1기가 담장으로 구획되어 일곽을 이루고 있다.

표충원 영각에는 서산·사명·영규대사 등의 영정이 봉인되어 있으며, 이늘이 임진왜란 당시 국란 극복에 미친 영향을 기리는 뜻에서 표충원이라는 이름이 지어졌다.

영각에는 서산·사명·영규대사 등의 영정이 봉안되어 있는데 영각을 표충원이라 하게 된 것은 승장들이 임진왜란 당시 국란 극복에 미친 영향을 국가적으로 표충하게 된 데서 유래한다.

정면 3칸, 측면 2칸의 건물을 남향하여 세웠다. 자연석 기단 위에 덤벙주초를 놓고 앞뒷면에는 두리기둥을 세웠으나 측면 기둥만 네모기둥을 세웠다. 정면 3칸에는 두짝띠살문을 칸마다 설치하였다. 내부 바닥은 우물마루로 되어 있다.

정면과 배면에는 이익공 양식의 공포를 설치하였는데, 쇠서는 모두 앙서 윗면에 연꽃을 조각하였고 내부 보아지는 조각하지 않고 단순히 빗자른 형태이다. 보머리에는 봉두를 조각하여 끼워 놓았고 기둥 사이에는 둥근 화반을 하나씩 설치하였다. 가구는 5량가로 구성하였는데 반자를 설치하지 않은 연등천장으로 되어 있다. 맞배지붕으로 꾸몄고 처마는 정면은 겹처마로, 배면은 홑처마로 되어 있으며 측면에는 풍판이 설치되어 있다.

갑사의 유물

　갑사에 있는 유물 가운데 가장 오래된 것으로 삼국시대의 석조 보살 입상을 찾아볼 수 있지만 원래부터 갑사에 있던 것이라고 단정짓기는 어렵다. 다만 절 입구에 있는 철당간과 석조 지주(支柱)가 통일신라 후기에 제작된 것으로 추정되어 연대가 가장 앞선 유물에 해당된다. 이는 갑사가 통일신라 680년에 창건되어 헌안왕(憲安王) 3년(859)과 진성여왕 원년(887)에 중창하였다는 기록을 뒷받침해 주는 자료로, 당시의 유물로는 이 작품이 거의 유일하다. 시대가 조금 내려와 고려시대의 유물로는 대적전 앞에 옮겨진 팔각부도를 볼 수 있다.

　고려를 거쳐 조선시대에 들어와서도 1584년에 대형 범종을 제작하는 등 갑사는 왕실의 원찰(願刹)로 사세를 이어오다가 임진왜란 때 대부분 소실되었다. 다시 1604년부터 1654년까지 대대적인 중건이 이루어졌는데 이러한 갑사의 역사는 여주목사 이지천이 지은 갑사 사적비에 기록되어 있다. 이후 조선 후기에 크고 작은 중창과 불사가 이루어져 오늘에까지 이르고 있다.

　갑사에는 건축, 부도, 탑, 불상, 범종, 경판 등 다양한 종류의 유물이 소장되어 있지만 그 가운데 중요한 작품으로는 철당간 및 지주(보물

대웅전 불상 석가모니불을 주존으로 하여 오른쪽에 아미타불, 왼쪽에 약사불의 삼존을 봉안하고 있으며 이

삼불을 중심으로 대세지보살과 문수·관음·보현보살이 협시하고 있다.

제256호)와 석조 부도(보물 제257호), 『월인석보』 판본(보물 제582호), 만력명(萬曆銘) 동종(보물 제478호), 근래 새로이 국보 제298호로 지정된 삼신불 괘불탱(三身佛掛佛幀) 등 국보, 보물만 모두 5점을 헤아린다. 이 밖에도 조금 뒤늦은 시기의 작품으로 목조 금고가(金鼓架)와 석조 약사불입상, 3층석탑, 공우탑을 비롯하여 많은 수의 부도가 남아 있다. 또 불화는 1650년에 그려진 삼신불 괘불탱이 가장 오래된 작품이며 그 밖에 대웅전에 4점, 대적전에 3점의 불화가 있고 팔상전에 팔상도 8폭이 소장되어 있다.

불·보살상

대웅전 불상

대웅전에는 석가모니불을 주존으로 하여 오른쪽에 아미타불, 왼쪽에 약사불의 삼존을 봉안하고 이 삼불을 중심으로 대세지보살(大勢至菩薩)과 문수(文殊)·관음(觀音)·보현(普賢)보살이 협시하고 있다.

삼존불은 수인을 제외하고 거의 동일한 모습으로 모두 소조(塑造)로 만들어졌다. 머리는 꼬불꼬불한 나선형 모양의 나발(螺髮)이며 미약한 육계(肉髻)를 비롯하여 정상에는 팽이형의 작은 정상 계주(髻珠)를, 머리 가운데에는 반달형의 중앙 계주를 표현하였다. 살이 오른 둥근 얼굴에는 찢어진 눈과 짧은 코, 굳게 다문 입술에서 침울함이 느껴진다. 목에는 삼도(三道)가 표현되었고 모두 가사가 두 어깨를 가린 통견(通肩)의 법의를 걸쳤는데, 가슴 부분에 직선으로 가로지른 승각기(僧脚崎)가 표현되었다. 배 앞에는 몇 단의 U자형 주름이 접혀지다가 양다리 사이에 부채꼴 주름이 흘러내렸으며 무릎에는 2, 3줄의 간략한 층단 주름이 묘사되었다.

대웅전 석가모니불 대웅전의 삼존불은 수인을 제외하고 거의 동일한 모습이며 모두 소조로 만들어져 있다.

본존은 오른손을 내리고 왼손을 무릎에 올린 항마촉지인(降魔觸地印)을 하고 있으며 좌우의 불상은 서로 반대되도록 중품하생인(中品下生印)을 결하고 있다. 약사불의 약호(藥壺)는 표현되지 않았으나 약사후불탱화에서는 약호가 표현되어 있고 손 모양도 서로 좌우가 바뀌어 있는 점이 색다르다.

삼존 사이마다 배치된 4구의 보살입상 역시 동일한 모습으로 머리에는 불꽃무늬와 연꽃이 조각된 화려한 보관(寶冠)을 쓰고 있다. 양 어깨를 덮은 통견의 천의(天衣) 위에 가느다란 두 줄의 보발(寶髮)이 늘어져 있으며 가슴 앞에서 흘러내린 U자형 영락(瓔珞)이 배 앞의 군의(裙衣) 위에까지 장식되었다. 아미타불 오른쪽의 보현보살에는 머리 양옆으로 굴곡진 보관 장식이 화려하게 표현되었으며 보관에는 새 모양의 조각이 있어 주목된다. 문수보살은 손에 연봉오리를 잡고 있고 관음보살은 오른손에는 연봉오리를, 왼손에는 약호를 들었다. 이 불상들은 획일적인 얼굴과 도식적인 주름의 표현, 그리고 혼란스러운 약사후불탱화의 표현에서 볼 수 있듯이, 후불탱이 제작된 옹정 8년보다 약간 뒤늦은 조선 후기의 작품으로 추정된다.

대적전 석가삼존불

대적전 안에는 현재 석가모니불 좌상을 주존으로 좌우에 문수·보현보살이 협시하고 있다. 이 삼존은 모두 소조이고 삼단으로 이루어진 팔각 목조 대좌 위에 결가부좌한 모습이다. 짧은 목과 좁은 어깨, 신체에 비해 비대해진 얼굴 등 조선 후기 조각의 특징이 잘 나타나 있다. 석가모니불은 나발이 표현된 머리 가운데로 반월형 계주와 거의 둥그스름하게 보이는 나지막한 육계 위로 보주(寶珠) 모양의 작은 정상 계주를 두었다.

정사각형에 가까운 넓적한 얼굴은 길게 찢어진 눈과 작은 입술이 표현되어 답답한 인상을 주며 짧은 목에는 삼도가 보인다. 양 어깨를 덮어 묵직하게 흘러내린 통견의 법의는 양 손목 위에서 두텁게 흘러내렸고 가슴 앞에서 수평으로 가로지른 승각기는 띠 매듭이 배 아래로 연결되었다. 무릎 위에서 사선을 이룬 계단식 옷주름은 조선 후기 조각에서 널리 볼 수 있는 도식적인 모습으로 처리되었다.

수인의 모습도 오른손이 무릎 위에서 손바닥을 밑으로 하여 엄지와 중지를 대고, 왼손도 무릎 위에서 손바닥을 위로 하여 엄지와 중지를 대고 있는 조선 후기 좌불상의 통식을 따르고 있다. 전체 높이는 110센티미터이다.

대적전 석가모니불 좌상 팔각 목조 대좌 위에 결가부좌한 모습으로, 짧은 목과 좁은 어깨, 신체에 비해 비대해진 얼굴 등 조선 후기 조각의 특징이 잘 나타나 있다.

좌우의 문수 · 보현보살상은 거의 동일한 형태의 좌상으로 손에는 연꽃을 잡고 있다. 높은 형태의 보관을 쓰고 있으며 양 어깨에는 통견의 천의 위에 보발이 길게 흘러내렸다. 가슴 앞으로 승각기가 가로질렀으며 하부에는 군의의 주름과 무릎에는 층단으로 된 도식적인 주름이 묘사되었다. 삼존 뒤에 봉안된 후불탱의 제작 시기는 1907년이지만 이보다 이른 18, 19세기의 작품으로 추정되며 삼존의 상호와 의습이 동일

대적전 문수·보현보살상 거의 동일한 형태의 좌상으로 손에는 연꽃을 잡고 있다. 높은
형태의 보관을 쓰고 있으며 양 어깨에는 통견의 천의 위에 보발이 길게 흘러내렸다.

한 점에서 같은 시기에 만들어진 작품으로 보인다. 전체적인 양식이 대
웅전 불상과 거의 유사하다.

석조 보살입상

경내에 보관된 이 보살입상은 유일한 삼국시대의 작품으로 원래는
지금의 대적전 앞에 있는 부도와 석조 약사불입상과 함께 중사자암에
있던 것을 옮겨 놓은 것으로 전한다. 화강석재로 만들어진 보살입상은
목 이하가 절단된 것을 붙여 놓았는데, 머리 뒤에 표현된 보주형 두광
은 얼굴과 한 돌로 조각된 것이다. 머리 위에는 간략한 관식(冠飾)이
보이며 갸름한 얼굴에는 미소가 뚜렷하다. 긴 귀는 어깨에 닿을 듯 길
게 늘어져 있으며 앞 가슴에는 U자형 영락이 장식되었고 양 어깨에는
보발이 드리워져 있다. 오른손은 가슴 옆에 붙여 지물(持物)을 잡은 것
처럼 보이며 왼손은 다리 옆으로 길게 내려 보병(寶甁)을 들고 있다.

양 어깨에 걸쳐진 천의는 오른쪽 어깨에서 시작하여 오른손을 거쳐 아래쪽으로 흘러내린 듯하지만 마멸이 심해 분명치 않다. 배 아래 부분에는 스커트 같은 자락을 보이며 이 아래로부터 양다리의 굴곡이 표현되고 양쪽으로 갈라진 군의가 긴 세로선의 주름으로 조각되었다. 발은 표현되지 않았고, 그 하단에는 대좌에 끼우기 위한 반원형 촉이 남아 있다.

이 보살입상은 머리와 상체에 비해 하단부가 매우 길게 묘사되는 중국 수대(隋代) 조각의 영향이 반영되어 있다. 천의 자락이 길게 드리워지고 부드러움이 강조된 백제 조각

석조 보살입상 유일한 삼국시대의 작품이다. 화강석재로 만들어졌으며 목 이하가 절단된 것을 붙여 놓았는데 머리 뒤에 표현된 보주형 두광은 얼굴과 한 돌로 조각된 것이다.

의 특성을 느낄 수 있어 7세기 중반의 작품으로 추정된다. 상의 높이는 130센티미터이며 가슴 너비는 37센티미터, 두광의 지름은 41센티미터이다. 충청남도 유형문화재 제51호.

석조 약사불입상

갑사에서 동학사로 넘어가는 좁은 길을 따라 약 100여 미터 올라가다 보면 개울을 건너기 전에 왼쪽으로 인조 석굴 안에 석조 불상이 안

석조 약사불입상 둥그스름한 얼굴의 이마 중앙에는 깊게 파인 백호가 표현되었고 반쯤 뜬 눈과 작게 오므린 입술엔 미소가 느껴지지만 코 부분은 일부 마멸되어 있다.

치되어 있다.

원래 이 불상은 석조 보살입상과 함께 갑사 뒤편 중사자암에서 옮겨온 것으로 전해진다. 굵은 나발이 표현된 머리 위에는 두툼한 육계가 솟아 있다. 둥그스름한 얼굴의 이마 중앙에는 깊게 파인 백호(白毫)가 표현되었고 반쯤 뜬 눈과 작게 오므린 입술엔 미소가 느껴지지만 코 부분은 일부 마멸되어 있다.

목 아래에는 깊게 파인 삼도가 선명하게 조각되어 있고 양 어깨를 덮은 통견의 대의(大衣)를 걸치고 있는데, 승각기의 표현 없이 가슴 앞으로 U자형 대의 자락이 왼팔을 감싸며 뒤로 접혀졌다. 다시 가슴 아래에서 발까지 V자형의 의습이 굵은 층단을 이루며 흘러내렸다.

수인은 오른손을 가슴 옆에 붙여 시무외인(施無畏印)을 취하였고 같은 높이로 올려진 왼손에는 둥근 약합을 들고 있어 약사불임을 표현한 것을 알 수 있다. 뒷면은 별도의 조각 없이 단순하게 처리하였다. 불족(佛足) 부분은 시멘트로 새로 보수된 연화대좌에 가려 자세한 형태를 볼 수 없다. 조성 시기는 분명하지 않지만 고려시대 작품으로 추정되며 불상의 총높이는 141센티미터이다. 충청남도 유형문화재 제50호.

불화

삼신불 괘불탱과 괘불함

길이 12.47미터, 너비 9.48미터에 이르는 거대한 괘불탱에는 중앙에 화면을 압도하는 삼신불이 묘사되어 있다. 중앙의 법신(法身) 비로자나불과 왼쪽의 노사나불(盧舍那佛), 오른쪽의 석가모니불이 화려한 키형 광배(光背)를 등지고 있다. 이 삼신불은 법(法)·보(報)·화신(化身)의 독특한 도상으로 각각 지권인(智拳印), 설법인(說法印), 항마촉지인을 하고 있다.

삼신불은 성불(成佛) 이전의 몸을 뜻하는 생신(生身)과 연기법을 깨달은 자로서의 불신(佛身), 즉 법신의 이신불(二身佛) 사상이 점차 발달되어 대승불교시대부터 삼신불 사상으로 변모하게 된 것이다. 삼신불에 대한 이러한 경전의 인도적인 해석은 동아시아로 넘어오면서 종파(宗派) 불교에서는 비로자나·노사나·석가라는 구체적인 이름이 부여되었다.

우리나라에서 삼신불의 조형화는 장안사(長安寺) 삼신불상의 조성에서 확인되듯이 나말려초로 여겨진다. 조선시대에는 1500년경에 제작된 것으로 추정되는 경주 기림사(祇林寺) 대적광전의 소조 삼신불상이 있다. 조선 후기에는 중앙에 비로자나불을 두고 좌우에 약사불과 아미타불을 두는 삼세불의 형식도 많이 조형화되었다. 이 괘불탱의 형식은 조선 후기의 전형적인 삼신불 형식으로 봉선사(奉先寺, 1735년), 청곡사(靑谷寺, 1741년) 불화보다 이른 시기에 제작된 것이어서 더욱 주목된다.

화기에서 보이듯 이 괘불탱에는 삼신불의 표현과 더불어 육방불보살(六方佛菩薩) 11구와 십대제자, 사천왕, 사금강(四金剛) 등 모두 36위의 존상이 등장한다. 하단에 문수·보현보살상이 본존 아래 좌우로 배치되어 있는데, 그 아래 중앙에는 무릎을 꿇고 법을 청하는 청문보살

삼신불 괘불탱 삼신불의 표현과 더불어 육방불보살 11구와 십대제자, 사천왕, 사금강 등 모두 36위의 존상이 등장한다. 전체적으로 밝고 화려한 채색에 섬세한 필법을 갖추었다.

(請聞菩薩)의 뒷모습이 나타나 있다. 이러한 소재는 17세기의 대형 후불탱과 괘불 양식에 많이 등장하는 것으로 충청북도 보살사(菩薩寺, 1649년) 괘불과 영수암(靈水庵, 1653년) 괘불 등에도 보이고 있다.

야외에서 법회를 거행할 때 사용되는 괘불은 그 크기만큼이나 많은 재력과 인원이 소요되어 제작되는데, 이 괘불탱을 조성하는 데에도 엄청난 규모의 불사가 이루어졌음은 화기를 통해서 확인할 수 있다. 괘불의 제작에 참여한 인원은 무려 111명에 이르고, 특히 재가 신도들의 시주와 참여가 눈에 띄게 많다. 청신거사(淸信居士) 오응방(吳應邦)의 이름이 괘불 화기의 좌목(座目)에 두 번이나 기록되어 있는 것으로 보아 그의 역할이 상당히 컸음을 짐작할 수 있다. 그리고 금이나 안료 등의 재료는 대부분 재가 신도들에 의해 시주 형식으로 조달되었다.

이 괘불탱은 전체적으로 밝고 화려한 채색에 섬세한 필법을 갖춘 그림으로 화사는 경령(敬岺)을 비롯하여 화운(華雲)·응렬(應悅)·해명(海明)·학능(學能)·도원(道元)·응천(應天)·신축(信呪) 등이 참여하였다. 1650년에 조성된 뒤 1771년에 다시 쾌성(快性)·법징(法澄) 등이 중수하였고 1976년에 하단의 보살과 사천왕의 옷자락, 구름, 대좌 등을 정규진(鄭奎鎭)이 가칠하였다는 기록이 보인다. 이러한 가치를 인정받아 지난 1996년에 국보 제298호로 지정되었다.

삼신불 괘불탱을 넣는 대형의 장방형 목조 괘불함은 상부에 여닫을 수 있도록 뚜껑을 만들고 좌우 측면의 중앙에는 원형 구멍을 뚫어 괘불의 거대한 축이 밖으로 돌출되도록 고정시켜 놓았다. 측판과 앞판을 연결하는 합각부에는 못을 사용하지 않고 두 개의 홈을 끼워 결합시키는 전통적인 목가구의 사개짜임 방식을 취하고 있다. 기다란 전면부에는 중앙에 고리가 달린 화문형의 장석을 일정한 간격으로 장식하였고, 이 고리들을 줄로 연결시켰다. 그리고 그 한쪽에는 1918년도의 배관기(拜觀記)로 보이는 묵서명(墨書銘)이 부착되어 있는데 그 내용은 다음과

삼신불 괘불함 기다란 전면부에는 일정한 간격으로 고리가 달린 화문형 장석이 여러 개 장식되어 있으며 한쪽에 1918년도의 배관기로 보이는 묵서명이 부착되어 있다

같다.

갑사괘불연기, 순치육년유월조성, 삼신불육방불보살십일위, 십대제자 사천왕사금강도합, 삼십육위장사십일척오촌광삼십척, 동조인이백십일인 내화경령, 등구인증명신환주지, 경환화주신사오응방, 세존응화이구사오 이월십오일, □□□년음이월십오일배관(甲寺掛佛緣起, 順治六年六月造 成, 三身佛六方佛菩薩十一位, 十代弟子四天王四金剛都合, 三十六位長 四十一尺五寸廣三十尺, 同造人二百十一人內畵敬岑, 等九人證明信換住 持, 瓊還化主信士吳應邦, 世尊應化二九四五二月十五日, □□□年陰二 月十五日拜觀)

괘불의 제작 연대와 내용, 제작자와 발원자 및 크기 등을 기록한 배 관기로서 참고가 될 만하다.

대웅전 석가모니 삼세불화

석가모니를 주존으로 모시는 대웅전 후불탱으로 봉안된 삼세불화(三世佛畵)로 영산회(靈山會)·약사회(藥師會)·미타회(彌陀會)의 삼세회(三世會) 형식을 갖추고 있다.

영산회상도(靈山會上圖)는 석가모니불이 영취산(靈鷲山)에서 법화경(法華經)을 설법하는 장면을 그린 것으로, 석가모니불을 중심으로 문수·보현보살과 이대보살, 사천왕상, 제석(帝釋) 및 범천(梵天), 십대제자와 팔금강(八金剛)을 에워싼 군도(群圖) 형식을 취하였다. 화면 중앙에는 키형의 거신광(擧身光) 안으로 두광과 신광(身光)을 지닌 석가모니불이 화려한 연꽃 대좌 위에 결가부좌하고 있다. 둥글고 원만한 얼굴과 머리 위로는 낮은 육계와 정상 계주, 반달 모양의 중앙 계주가 표현되었고 유려한 의습 사이로 원형 문양이 드문드문 장식되었다.

이 본존 아래쪽 좌우에는 문수와 보현보살이 측면관의 합장한 모습으로 표현된 반면, 본존 무릎 좌우에는 관음보살과 미륵불로 보이는 정면상을 머리 부분만 크게 묘사된 모습으로 배치하였다. 그 아래 왼쪽에는 북방다문천왕(北方多聞天王), 동방지국천왕(東方持國天王)을 두고 오른쪽에는 서방광목천왕(西方廣目天王)과 남방증장천왕(南方增長天王)을 배치하였다. 이들 가운데 사천왕상은 하단 상에 가려 상반신만이 표현되었다.

영산회상도 왼쪽에 배치된 극락회상도(極樂會上圖)는 키형 광배와 설법인을 한 결가부좌의 아미타불을 중심으로 팔대보살, 사대제자(四大弟子), 사천왕상 및 화불(化佛) 2구와 팔부신중(八部神衆)이 둘러싼 구도이다. 영산회상도의 석가모니불과 형태면에서는 거의 유사하지만 아미타불의 주위로는 보관 안에 화불이 표현된 백의관음(白衣觀音)과 연꽃가지를 든 대세지보살이 각각 협시하고 있다. 관음과 대세지보살 위로는 문수와 보현보살, 금강장(金剛藏)과 제장애(除障碍)보살, 지장(地藏)과 미륵보살이 위로부터 차례로 아미타불을 에워싸고 있으며 보살들 좌우로 사대제자가 배치되었다. 또한 두광 좌우에는 화불이 안치되고 그 옆으로 용왕(龍王), 야차(夜叉), 용녀(龍女), 건달파(乾闥婆) 등의 팔부신중이 위아래로 자리잡고 있다.

오른쪽의 약사회상도(藥師會上圖)는 화면 중앙에 거신광배를 지닌 약사불을 중심으로 좌우에 일광(日光)·월광(月光) 등 사대보살과 사천왕상, 아난(阿難), 가섭(迦葉) 등 사대제자와 약사십이지신상(藥師十二支神像)이 화면 가득히 채워져 있다. 중앙의 약사불은 왼손에는 약호를 들고 오른손은 가슴 앞에 올려 엄지와 중지를 맞댄 모습으로 아미타불, 석가모니불과 같은 결가부좌에 통견 법의를 하였으나 불의(佛衣) 끝단에 화문이 장식된 점이 다르다.

본존 아래에 협시하고 있는 정면관의 일광·월광보살은 보관 안에 해와 달이 표현되지 않았으며 그 위의 두 보살은 조금 작게 그려져 약사불을 향하고 있다. 그 좌우로 무장한 모습의 십이지신상이 창, 칼 등 각기 다른 지물을 잡거나 합장하는 등 여러 가지 자세를 취하며 약사불을 외호하고 있다. 본존의 두광 좌우로는 각각 용왕, 천녀(天女) 등이 배치하였고 공간은 아름다운 구름으로 처리하였다.

본존을 크게 강조하고 있는 이 삼세불화는 여러 보살들과 외호중(外護衆)의 깊이감과 변화를 강조한 짜임새 있는 구성과 함께 굵기가 일정하고 부드러운 선묘가 돋보인다. 색상은 녹색과 홍색을 주로 하여 밝고 차분한 중간 색조를 구사하였다. 화기에 의하면 옹정 8년에 제작된 것으로 당시의 화사(畵師)는 화원(畵員) 의겸(義謙) 비구를 중심으로 '□왜 비구, 취상 비구, 만□ 비구, 명선 비구(□澮比丘, 就祥比丘, 萬□比丘, 明善比丘)'임을 알 수 있다. 특히 의겸 비구는 선암사, 운흥사 등 많은 사찰의 불화를 제작하였던 18세기의 대표적인 승려 화가로 알려져 있다. 모시 바탕에 채색이며 세로 455센티미터, 가로 280센티미터 크기이다.

대웅전 영산회상도 석가모니불이 영취산에서 법화경을 설법하는 장면을 그린 것이다. 화면 중앙에는 키형의 거신광 안으로 두광과 신광를 지닌 석가모니불이 화려한 연꽃 대좌 위에 결가부좌하고 있다.

대웅전 삼장보살도

이 삼장탱화(三藏幀畵)는 지장·천장(天藏)·지지(持地)보살로 이루어진 삼보살 세계를 그린 그림으로 한국 고유의 숭천신앙(崇天信仰)과 지기신앙(地祇信仰), 그리고 죽은 자를 극락으로 천도한다는 망인낙지천도신앙(亡人樂地薦度信仰)을 주축으로 한 삼계우주관(三界宇宙觀)을 도설화(圖說化)한 것이다.

평행으로 배열된 구도에 많은 권속들이 빽빽하게 둘러싼 전형적인 군도 형식으로 오른쪽에는 이중의 원형 두광과 신광을 두른 지장보살이 앉아 있다. 그 단 아래쪽의 좌우로는 승려 모습의 도명존자(道明尊者)와 판관(判官) 모습의 무독귀왕(無毒鬼王)이 협시하고 있으며 그 좌우로 십대왕이 자리잡고 있다. 윗단에는 천녀, 용녀, 용왕, 판관이

대웅전 삼장보살도 평행으로 배열된 구도에 많은 권속들이 빽빽하게 둘러싼 전형적인 군도 형식으로 오른쪽에는 이중의 원형 두광과 신광을 두른 지장보살이 앉아 있다.

있으며 아랫단에는 칼을 들고 있는 무장한 신중상(神衆像)이 배치되어 있다. 가운데 있는 천장보살은 왼쪽의 지지보살과 거의 동일한 모습이지만 수인만 달리 표현되었다. 특히 천장보살의 하단 좌우에 있는 진주(眞珠)보살과 대진주보살, 그 밖의 권속은 측면관이 아닌 정면을 향하고 있다.

삼장탱화는 광무 9년인 1905년에 그려졌는데 이 불화의 금어(金魚, 불화를 그리는 우두머리 화가)인 비구 금호 약효(錦湖若效)는 법주사 불화제작에도 참여하는 등 충청도 지방에서 많은 활약을 하였다. 이 밖에 화사로는 융파 법융(隆坡法融)이 있고 편수출초(片手出草)는 보응 문성(普應文性)·청응 목우(淸應牧雨) 비구 등이다. 크기는 세로 455센티미터, 가로 280센티미터이다.

대웅전 신중탱화

대웅전 중단에 봉안된 이 신중탱화(神衆幀畵)는 불교의 외호중을 도상화한 것으로 제석·범천·위태천(韋馱天)을 중심으로 위아래 2단으로 나누어 위에는 제석과 범천을, 아래에는 위태천을 배치한 형식이다.

윗단의 제석과 범천은 보살의 도상을 따르고 있는데 원형 광배에 합장한 모습이다. 그 사이에는 장고·피리·나각(螺角) 등의 악기를 연주하는 천녀상들이 제각기 자유로운 자세를 취하고 있고, 가장자리에는 원유관(遠遊冠, 왕이 아침 하례에 나올 때 강사포를 입고 쓰던 검은색 관)을 쓰고 홀(笏)을 받쳐 든 판관이 배치되었다.

아랫단에는 날개의 깃 모양 투구를 쓴 위태천이 가운데 두손을 교차시켜 기다란 금강저(金剛杵)를 짚고 서 있으며 그 좌우에는 각각 6구씩 무복을 입은 12구의 신장(神將)들이 칼과 활 등으로 무장한 채 협시하고 있다.

이 불화는 제석과 범천이 강조되는 일반적인 신중탱과 달리 위태천이 크게 부각되어 새로운 변화를 느낄 수 있다. 아울러 녹색과 하늘색의 중간색인 양록색과 홍색을 주로 썼으며 간간히 금색을 더했으나 전체적으로 탁한 분위기가 느껴진다. 앞서 삼장탱화를 그린 금호 약효 비구가 융희(隆熙) 4년(1910)에 그린 작품으로, 편수 비구, 융파 법융, 예암 상왕(睿庵祥王), 청응 목우, 월암 응원(月庵應垣)과 출초 비구 굉연(宏淵) 등이 화사로 기록되었다. 크기는 세로 190센티미터, 가로 177센티미터이다.

대웅전 신중탱화 불교의 외호중을 도상화한 것으로 제석·범천·위태천을 중심으로 위아래 2단으로 나누어 윗단에는 제석과 범천을, 아랫단에는 위태천을 배치한 형식이다.

대웅전 현왕탱

명부전(冥府殿)에 지장보살도와 함께 그려지는 시왕탱(十王幀)과 달리 대웅전에 봉안되는 염라대왕만을 그린 현왕탱(現王幀)이다.

6폭의 병풍으로 둘러진 배경 앞에는 원유관을 쓴 시왕 가운데 한 왕이 재판하는 장면을 가장 크게 묘사하였다. 왕 앞에는 필기구가 놓여진 책상이 있고 그 좌우로 홀과 서책을 든 판관이 둘러싸고 있다. 또한 책상 앞에 후면관으로 표현된 한 판관은 두루마리 서책에 적힌 것을 왕에게 보여 주며 재판을 정하고 있다.

병풍 앞으로 왕의 좌우에는 당(幢)과 번(幡)을 든 시녀와

대웅전 현왕탱 명부전에 지장보살도와 함께 그려지는 시왕탱과 달리 대웅전에 봉안되는 염라대왕만을 그린 그림이다. 6폭의 병풍으로 둘러진 배경 앞에는 원유관을 쓴 시왕 가운데 한 왕이 재판을 하고 있다.

동자가 서 있고 병풍 뒤로는 무기를 잡은 험상궂은 외호 신장이 4구 배치되었다.

화기에 의하면 신중탱화를 그린 것과 같은 해인 융희 4년에 금어 금호 약효가 그린 것이다. 화면 위에 가로지른 병풍으로 위아래 단을 나누어 짜임새 있게 장면을 분할한 점이 주목된다. 색채는 검은 녹색, 홍색, 감청색을 탁하고 어둡게 썼으며, 전체적으로 필선은 둔탁하고 형식적이다. 크기는 세로 169센티미터, 가로 88센티미터이다.

대적전 석가삼존불화

대적전 후불탱으로 봉안된 이 석가삼존불화는 한 폭에 석가모니불·아미타불·약사불의 삼세불과 협시보살을 배치하고 좌우 폭에 사천왕상을 각각 2구씩 그린 3폭의 불화이다.

삼세불이 그려진 중앙 탱화는 위아래 2단으로 구분하여 윗단에는 삼세불을 비롯하여 십대제자, 천녀, 동자, 판관을 두고 아랫단에는 삼세불의 협시와 여러 보살들을 배치한 평행 배열 구도다. 다른 불상보다 조금 크게 그려진 중앙의 석가모니불은 수미단(須彌壇) 위의 연꽃 대좌에 결가부좌하고 항마촉지인을 한 모습이며 굴곡진 두광과 신광을 키형의 거신광배로 두르고 있다. 좌우에는 문수·보현보살이 협시하였다.

오른쪽의 아미타불 역시 거의 비슷한 모습에 설법인의 수인을 취하였으며 대좌 오른쪽에는 석장(錫杖)과 보주를 든 승려 머리의 지장보살과 관음보살로 보이는 합장한 보살상이 배치되었는데, 다른 협시보살상들과 달리 반투명의 흑색 두광을 지닌 점이 독특하다.

왼쪽의 약사불도 아미타불과 같은 설법인을 취하였고 크기나 도상면에서 거의 동일한 모습이다. 특히 아래쪽의 협시보살 가운데 왼쪽 보살이 백의(白衣)를 입은 관음보살로 묘사된 것이 주목되며 반대쪽 보살은 대세지보살로 추정된다. 따라서 약사불을 포함하는 삼세불의 구성에서 아미타불의 협시보살이 그대로 채용된 시대적인 도상의 혼란을 엿볼 수 있다. 이 협시보살 아랫단 중앙에는 정면관이면서 조금 크게 묘사된 두 보살이 있고 그 좌우에 연꽃가지를 든 보살이 중앙을 향하여 측면관의 자세로 2구씩 배치되어 있다. 윗단에는 석가모니불 광배 좌우로 아난과 가섭을, 아미타불의 오른쪽과 약사불 왼쪽에는 판관을 각각 배치하였고 그 위로는 천녀, 동자 등이 석가모니의 설법을 경청하고 있는 구도이다.

사천왕상은 왼쪽에 동·남천왕과 오른쪽에 서·북천왕을 배치하는

대적전 석가삼존불화 중앙 탱화 삼세불이 그려진 중앙 탱화는 위아래 2단으로 구분하여 윗단에는 삼세불을 비롯하여 십대제자, 천녀, 동자, 판관을 배치하고 아랫단에는 삼세불의 협시와 여러 보살들을 배치한 평행 배열 구도이다.

것이 보변적인데, 이 경우 동방 지국천왕은 비파를 들고, 남방 증장천왕은 보검을 잡고 있으며 서방 광목천왕은 용과 여의주를, 그리고 북방의 다문천왕은 탑을 들고 있는 모습으로 묘사하였다.

　좌우 폭으로 나누어져 2구씩 배치된 이 삼세불화의 사천왕상은 왼쪽에 위로부터 보탑을 든 다문천왕과 용과 여의주를 잡은 광목천왕을, 그리고 오른쪽에는 비파를 든 지국천왕과 보검을 잡은 증장천왕을 위아래로 2구씩 배치하여 앞 시기의 불화들과 많은 차이점을 보인다. 광무 11년인 1907년에 제작되었다는 화기의 기록과 사천왕상의 형식으로 보아 전 시대의 도상이나 형식이 충실히 계승되지 못한 점을 느낄 수 있다.

대적전 석가삼존불화의 사천왕상 왼쪽에 위로부터 보탑을 든 다문천왕과 용과 여의주를 잡은 광목천왕을, 그리고 오른쪽에는 비파를 든 지국천왕과 보검을 잡은 증장천왕을 위아래로 2구씩 배치하여 앞 시기의 불화들과 많은 차이점을 보인다.

이 불화는 삼세불의 구별이 뚜렷하지 않으며 지장과 관음을 비롯한 협시보살의 구별이 분명하지 못하고, 주존에 비해 지나치게 크게 묘사된 협시보살이나 탁한 색조 등 20세기에 접어든 불화의 쇠퇴 양상을 잘 대변해 주고 있다. 제작자는 알려져 있지 않으며 중앙 탱화는 크기가 세로 333센티미터, 가로 304센티미터이고, 좌우의 사천왕상은 세로 237센티미터, 가로 29센티미터이다.

대적전 칠성탱화

칠성탱화(七星幀畵)는 북두칠성을 믿는 토착 칠성신앙이 불교에 흡수되어 부처로까지 승격된 일곱 분의 부처님과 이들의 대표격인 치성광여래(熾盛光如來)를 주존으로 그린 그림으로 이를 모신 전각이 칠성각(七星閣)이다. 조선시대의 칠성각과 치성광여래는 부녀자들 사이에서 자식을 바라거나 아들을 기원하기 위해 널리 신봉되었는데 이때 약사여래와 마찬가지로 질병 퇴치의 효험을 믿었는지 약사여래의 일광·월광보살을 협시보살로 채용하게 된다.

이 불화는 치성광여래와 그 권속들을 한 폭에 그린 형식으로 2단으로 나누어졌다. 윗단에는 치성광여래와 일광·월광보살 및 칠불(七佛)을 두고 하단에는 자미대제(紫微大第)와 좌우보필성(左右輔弼星)을 배치한 평행 배열 구도이다. 중앙에는 치성광여래가 결가부좌하고 있는데 윤곽선만 그려진 나발의 머리에 정상 계주와 중앙 계주가 표현되었다. 이중으로 된 원형 광배 가운데 신광에는 화문이 가득 채워져 있다. 그 좌우에는 보관에 각각 해와 달이 표현된 일광과 월광보살이 합장한 모습으로 협시하고 있다. 또한 왼쪽에는 4불이, 오른쪽에는 3불과 칠원성군(七元星君) 가운데 1구가 묘사되었고 맨 위에는 삼태육성(三台六星)으로 보이는 3구의 동자상과 홀을 든 판관 모습을 한 3구의 상이 좌우에 각각 배치되었다. 치성광여래 아랫단에는 자미대제가 소발(素

髮)의 뾰족하게 솟은 머리를 한 도사(道士)의 모습으로 왼쪽 무릎을 세우고 그 위로 왼손을 걸친 편안한 유희좌(遊戱座)를 취하였고 해와 달을 표현한 좌우보필성이 홀을 든 대왕의 모습으로 협시하고 있다. 좌우에는 칠원성군이 다른 모양의 원유관을 쓰고 약간씩 다른 자세를 취한 채 자미대제를 향해 있다.

화기에 의하면 함풍(咸豐) 5년인 1855년에 제작된 것으로, 2단으로 이루어진 평행 배열 구도이면서 옷에 표현된 장식적인 문양과 보살의 번잡한 치장 등 화려하면서도 도식적인 면모가 강한 19세기 불화의 양상을 잘 보여 준다. 크기는 세로 130센티미터, 가로 164센티미터이며 화사는 미상이다.

대적전 신중탱화

신중탱화는 수호신의 역할을 하며 법당 중단에 봉안된다. 이 신중탱화는 도광(道光) 25년인 1845년에 그려진 작품으로 위아래 2단으로 나뉘어지도록 경계면을 구름무늬로 구획하였다. 윗단에는 제석천을 중심으로 보살과 명왕(明王), 천녀와 동자들이 둘러싸고 있으며 아랫단에는 위태천을 가운데 두고 그 주위로 팔부신중을 배치하였다.

윗단 중앙에 가장 크게 묘사된 보살 형태의 제석천은 두손으로 연꽃을 받쳐들고 있으며 협시한 2구의 보살은 정면관으로 제석을 향해 손을 합장한 모습이다. 그 옆으로는 경책(經冊)을 머리에 이고 홀을 들고 있는 십대명왕(十大明王) 가운데 두 명왕이 협시하고 있다. 맨 위에는 각각 공양하는 천녀와 동자 2구가 윗단의 공간을 메꾸었으며 아랫단과 구분되는 구름 위에도 악기를 연주하는 동자와 천녀 등이 작게 묘사되어 있다.

아랫단 중앙에는 날개 깃 모양의 투구를 쓰고 합장을 한 위태천과 그 주위로 위에 4구, 아래 4구의 팔부신중이 시립(侍立)하였는데, 윗단의 신중상이 주로 판관의 문복(文服)을 입은 정적인 모습인 반면 아래의 신중상은 보검이나 창 등 다양한 지물을 들고 무장(武將) 복장을 한 동적인 자세이다.

이 불화는 위태천보다 제석천을 강조하여 크게 묘사하였으며, 녹색을 주로 써서 차분한 분위기를 보이고 있으나 간간이 사용된 남색조는 19세기 후반의 새로운 경향을 보여 준다. 작자는 미상이며 크기는 세로 140센티미터, 가로 102센티미터이다.

팔상전

현재 갑사 팔상전에는 8점의 팔상도가 봉안되어 있다.

팔상도는 석가모니의 탄생부터 입멸에 이르기까지 일생의 중요 장면을 8폭으로 나누어 그린 것이다. 첫째 도솔래의상(兜率來儀相)은 마야부인(摩耶夫人)이 꿈속에서 석가모니를 입태(入胎)하는 장면을 그린 것이고, 둘째는 룸비니 동산에서 석가모니가 마야부인의 옆구리에서 탄생하는 장면의 비람강생상(毘藍降生像)이다. 셋째는 사문(四門)을 나가서 인생의 무상함을 느끼게 된 석가모니가 출가할 것을 결심하는 사문유관상(四門遊觀相)이며 성(城)을 넘어 출가하는 장면을 그린 유성출가상(逾城出家相)이 네 번째이다.

나머지 4장은 설산(雪山)에서 수도하는 장면을 그린 설산수도상(雪山修道相)과 보리수 아래서 마귀에게 항복을 받아 부처가 되는 성도(成道)의 모습을 그린 수하항마상(樹下降魔相), 그리고 녹야원(鹿野園)에서 처음으로 교진여 등 5인의 비구에게 최초로 설법을 하는 장면인 녹원전법륜상(鹿園轉法輪相)이 있다. 마지막 쌍림열반상은 사라쌍수 아래서 열반하는 장면을 묘사한 것으로 아랫단 오른쪽에는 사라쌍수 아래 길게 누워 열반한 부처님과 그 주위로 비탄에 잠겨 있는 대중들의 모습이, 왼쪽에는 금관(金棺)에 입관된 부처를 노가섭(老迦葉)이

팔상전 팔상도(제 7, 8폭) 팔상도는 석가모니의 탄생부터 입멸에 이르기까지 일생의 중요 장면을 8폭으로 나누어 그린 것이다. 색채와 필선은 그다지 뛰어나지 않지만 팔상도의 기본 형식을 충실히 따른 20세기 초기의 좋은 자료이다.

비통해 하자 두 발을 밖으로 내보이는 장면을 그린 것이다.

색채와 필선은 그다지 뛰어나지 않지만 팔상도의 기본 형식을 충실히 따른 20세기 초기의 좋은 작품이다. 세로 192센티미터, 가로 88.5센티미터의 크기이다.

그 밖의 유물

금고 용가와 금고

금속으로 만들어진 쇠북, 즉 금고(金鼓)는 절에서 대중을 불러모으거나 급한 일을 알릴 때 쳐서 울리는 불구(佛具)의 하나이며, 이를 걸기 위한 시설이 금고가(金鼓架)이다.

일본 나라(奈良)의 고후쿠지(興福寺)에는 화원경(華原磬)이라 불리는 청동의 금고가가 소장되어 있다. 8세기경의 작품으로 중국 당(唐)나라에서 전래된 것으로 전해지는데, 한 마리의 사자가 웅크린 모습의 대좌 위로 굵은 육각 기둥을 세웠다. 이 기둥에 꼬리를 휘감은 네 마리의 용을 배치하였으며 용의 휘어진 몸 사이의 원형 공간에 금고가 걸려 있다.

우리나라에서 만들어진 금고가는 목조로 간단히 결구한 것이 남아 있을 뿐인데, 갑사 대웅전에 있는 금고가는 고후쿠지 화원경처럼 용가(龍架) 형식을 취한 국내 유일의 작품이라는 점에서 매우 중요하다.

한 마리의 사자가 머리를 돌린 모습의 대좌

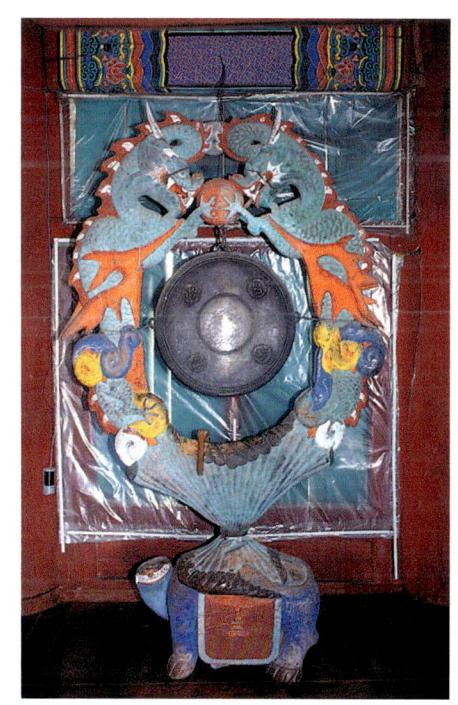

갑사 금고가 용가 형식을 취한 국내 유일의 작품이다.

에는 살찐 둔중한 몸체 아래로 짧고 굵은 다리가 달려 있으며 신체에 비해 작은 얼굴에는 길게 찢어진 입 안으로 이빨이 묘사되었다. 짧은 목과 거북의 머리 같은 얼굴은 사자라기보다 해태에 더 가까운 해학적인 모습으로 표현되었다.

몸체 중단에서 아래까지 방형의 장니(障泥, 말 안장 양쪽에 늘어뜨려 흙이 말 탄 사람의 옷에 튀는 것을 막는 도구)가 장식되고 이 위로 굵은 주름이 양각된 연잎을 엎어놓은 모양의 넓은 대좌(荷葉座)가 덮여 있다. 그리고 대좌 뒤쪽에서 뻗어나온 굵은 꼬리는 연잎과 위쪽으로 감겨진 것처럼 조각되었다. 대좌 위에는 북(鼓) 모양의 간주(竿柱)를 둔 뒤 넓은 부채꼴 형태의 연잎으로 연결하고 그 양쪽에서 두 마리의 쌍룡(雙龍)이 솟아올라 중앙의 여의주를 발로 잡아 쟁취하는 모습을 조각하였다. 용은 뿔과 수염, 갈기와 비늘까지 세밀히 표현되어 하대의 사자보다 훨씬 생동감 있게 조각되었으며 부분부분을 채색하여 한층 화려하게 꾸몄다. 마주보는 쌍룡의 몸체 사이의 원형 공간에는 상부 중앙과 좌우측에 90도 간격으로 고리를 연결시켰고 그 안에 원반형의 금고를 걸어 놓았다.

금고는 뒷면이 안으로 접힌 짧은 구연부와 둥글게 트인 공명구(共鳴口)가 있는 일반적인 원반형의 모습이다. 고면(鼓面)은 중앙에 1조의 융기선으로 치는 부분인 당좌구(撞座區)와 외구(外區)로 구분하였다. 당좌구에는 문양이 없는 대신 외구에는 둥근 테두리로 두른 범(梵)자 문양을 네 곳에 장식하였으며 가장자리를 2, 3줄의 융기선으로 둘렀다. 금고의 양식은 조선 후기에 해당되며 용가 역시 갑사 대웅전이 임진왜란 이후 중창된 점으로 미루어 17세기를 지난 시기에 함께 조성된 것으로 추정된다. 특히 갑사의 금고는 우리나라에서 금고를 걸기 위해 별도로 제작된 용가가 사용된 점을 밝혀 주는 매우 귀중한 예로 평가된다. 높이 267센티미터, 금고경 63센티미터이다.

만력명 범종

이 종은 갑사 삼문(三門)을 들어서면 오른쪽 적묵당 앞에 위치한 범종각에 걸려 있다. 종신(鐘身)의 외형은 위가 좁고 아래로 가면서 점차 넓게 퍼진 원추형이다. 정상부에는 하나의 몸체로 이어진 두 마리의 쌍룡으로 구성된 용뉴(龍鈕)가 배치되었는데, 갈기와 비늘까지 생동감 있게 조각되었으며 음통을 표현하지 않은 중국 종 양식을 따르고 있다. 그러나 천판(天板) 외연의 상대(上帶) 위로는 구름 모양의 입상화문대(立狀花文帶)가 나지막이 표현되어 있어 고려 후기 전통 범종의 여운을 반영하고 있다.

상대는 2단으로 구성되어 있는데 윗단에는 사각형으로 된 복련(伏蓮)의 연판문을, 아랫단에는 둥근 테두리 안에 범자문을 둥글게 돌아가며 시문하였다. 상대에 바로 붙어 종신 사방에 방형의 연곽(蓮廓)을 두었고 연곽대에는 가는 선의 당초문으로 시문하였다. 또 연곽 내부에는 8엽의 연판 위에 낮게 돌출된 연꽃봉오리가 9개씩 장식되었다. 연곽 아래마다 한 곳씩 당좌를 배치하여 모두 4개의 당좌가 표현되어 있는데, 이는 고려 후기 탑산사종(塔山寺鐘, 1233년)에서처럼 당좌가 종을 지는 자리라기보다 장식적인 의미가 강조된 점을 반영하고 있다.

이중의 테두리가 둘러진 원형의 당좌에는 내구에 작은 자방(子房, 연밥이 모여 있는 원형 테두리)으로 구성된 연판을 배치한 뒤 그 바깥을 파도무늬와 같은 엽문(葉文)으로 장식하였다. 특히 당좌의 아래 부분에 구름무늬를 장식하여 마치 구름이 당좌를 받치고 있는 듯한 독특한 의장으로 표현하고 있는 점이 주목된다.

연곽과 연곽 사이에는 몸을 옆으로 돌린 채 소발을 한 승려형의 입상이 1구씩 모두 네 곳에 부조되었다. 이들 승형 입상은 왼손에 연꽃을 받들고 오른손으로는 석장을 잡은 모습이며 늘씬한 외구에 걸쳐진 굴곡진 천의와 화려한 영락 등으로 미루어 지장보살상을 표현한 것으로

만력명 범종 종신의 외형은 위가 좁고 아래로 가면서 점차 넓게 퍼진 원추형을 이루었다. 정상부에는 하나의 몸체로 이어진 두 마리의 쌍룡으로 구성된 용뉴가 배치되었는데, 갈기와 비늘까지 생동감 있게 조각되었다.

범종 세부 이중의 테두리로 둘러진 원형의 당좌는 내구에 작은 자방으로 구성된 연판을 배치한 뒤 그 바깥을 파도무늬와 같은 엽문으로 장식하였다. 그리고 연곽과 연곽 사이에는 몸을 옆으로 돌린 채 소발을 한 승려형의 입상이 1구씩 모두 네 곳에 부조되었다.

추측된다. 이처럼 범종 보살상으로 지장보살상이 표현된 것은 이 종이 거의 유일한 예라 할 수 있다.

종구(鐘口)에서 약간 위로 올라온 당좌와 보살상 아래의 종신 하단부에는 하대(下帶)를 두어 방사상(放射狀)으로 만개된 연꽃과 측면으로 표현된 연꽃을 번갈아 가며 배치한 뒤 그 사이를 굴곡진 연당초문으로 장식하였다.

이 종의 연곽과 보살 입상 사이의 한쪽 여백면을 택해 "시유만력11년 7월(時維萬曆十一年七月)……"로 시작되는 장문의 명문이 양각(陽刻)되어 있다. 명문에 의하면 "조선 선조(宣祖) 16년(1583)에 홋카이도(北道)의 오랑캐가 난을 일으켜서 하삼도(下三道) 각 절의 종을 모아 우리나라 군사들의 무기를 만들었는데, 이곳 갑사는 국왕의 성수(聖壽)를 비는 곳인 까닭에 다음해인 갑신년(甲申年, 1584) 여름에 철 8천 근을 들여 새로이 대종(大鐘)을 만들었다"는 내용을 기록하였다. 이는 종을 제작할 당시의 시대적 상황이나 조성 배경 등을 파악해 볼 수 있는 귀중한 금석문 자료가 된다. 아울러 각 연곽의 좌우 하단부에는 장방형의 구획을 만들어 각 분야별 시주의 내용을 양각시켜 놓았으며 그 사이마다 시주자 명단을 음각으로 빽빽히 기록하였다.

이 범종은 고려 말 연복사종(演福寺鐘, 1346년)을 통해 유입된 외래적인 양식이 조선 전기에 점차 한국 전통형 종과의 혼합을 이루어 나가는 양식과 조형을 보여 주는 조선 중기의 매우 중요한 작품이다.

보물 제478호이며 총높이가 128.5센티미터이고 입지름〔口徑〕이 91.2센티미터이다.

건륭 39년명 요사 동종

불룩하게 솟아오른 천판 위로 하나의 몸체로 이어진 쌍룡의 용뉴를 갖추고 있고 음통은 표현되지 않았다. 종신과 천판이 맞닿는 곳에 1조의 주물접합선이 보이며 상대 없이 외연을 꽃무늬로 돌린 둥근 테두리의 범자문 9자가 돌아가며 장식되었는데, 모두 '옴(悉)'자 한 자로만 구성되었다. 범자문의 테두리 아래에는 1조의 굵은 융기선이 둘러졌고, 종신 중단쯤에는 위가 좁고 아래 폭이 넓은 사다리꼴의 연곽을 네 곳에 배치하였다. 연곽대에는 사선문을 지그재그로 장식하였고 내부에는 화문좌(花文座) 위에 낮게 돌기된 종유(鐘乳)를 9개씩 배치하였다.

연곽 사이에 연곽 높이와 거의 비슷한 크기로 부조된 보살입상은 원형 두광을 지녔으며 시대에 비해 천의의 표현이 매우 유려하다. 연곽과 보살상 아래의 종신에는 몇 개의 방형판으로 연결된 시주자와 조성기(造成記) 등이 돌아가며 양각되어 있다.

건륭 39년명 요사 동종 불룩하게 솟아오른 천판 위로 하나의 몸체로 이어진 쌍룡의 용뉴를 갖추고 있다. 연곽 사이마다 부조된 보살입상은 원형 두광을 지녔으며 유려하게 흘러내린 천의가 돋보인다.

명문에 보이는 건륭(乾隆) 39년 갑오(甲午)는 조선 영조(英祖) 50년인 1774년에 해당된다. 이 명문판 아래로 3줄의 융기선을 횡대(橫帶)로 둘렀으며 종구까지의 간격을 두어 마치 하대처럼 꾸몄으나 아무런 문양이 장식되지 않았다.

전통형보다 중국 종의 요소가 강조된 범종으로, 주조가 전반적으로 거칠면서 장식 없는 불룩한 천판과 '𢀑' 자로만 장식된 범자문, 종신 중단까지 내려온 연곽은 18세기 후반 범종의 양상을 잘 보여 준다. 그러나 연곽과 보살상은 같은 시기 범종의 도식화된 모습보다 훨씬 세련된 느낌을 준다. 총높이는 64.5센티미터이고 입지름은 51센티미터이다.

선조 2년간 월인석보 판목

『월인석보』는 조선 세조(世祖)가 『월인천강지곡(月印千江之曲)』과 『석보상절(釋譜詳節)』의 내용을 합쳐 만든 책으로 석가모니의 일대기와 공덕을 칭송한 내용을 담고 있다. 『훈민정음(訓民正音)』 이후 제일 먼저 나온 책으로 당시의 글자와 말을 그대로 보존하고 있어 국어학 연구에 매우 귀중한 자료로 평가되고 있다.

현재 보물 제582호로 지정된 갑사 소장의 『월인석보』 판목(版木)은 70여 년 전에 입수된 것이라 하는데, 총 24권 가운데 권21에 해당하는 것으로 본래 57매가 있었다고 하지만 현재는 46매만이 전한다. 제21판의 판목에 보이는 「융경3년기사2월일 충청도한산지죽산리 백개만가 침각이전 은진지불명산 쌍계사유치(隆慶三年己巳二月日 忠淸道寒山地竹山里 白介萬家 浸刻以傳 恩津地佛明山 雙溪寺留置)」라는 판기(板記)는 '충청도 한산 죽산리 백개만(白介萬)의 집에서 각자(刻字)하여 논산(論山)에 있는 쌍계사(雙溪寺)에 유치(留置)하였다'는 내용이다. 판목의 재료는 계수나무라고 기록하였다.

판은 4주(周)의 외곽을 굵은 선으로 양각하고 좁은 간격으로 마련된

선조 2년간 월인석보 판목 총 24권 가운데 권21에 해당하는 것으로 본래 57매가 있었다고 하지만 현재는 46매만이 전한다. 보물 제582호.

판심(板心)은 상하 부위에 세로선을 굵게 양각시켰다. 상하내향(上下內向)의 흑어미(黑魚尾)로 장식된 중앙의 공간은 윗단에 월인(月印), 아랫단에 장(張)의 숫자를 표기하였다. 갑곽(匣郭) 안에는 가는 선으로 선각하여 1면을 7줄로 구획한 뒤 1행에 15자꼴로 글자를 새겼다. 갑곽의 바깥쪽 오른편 아랫단에는 시주자의 이름을, 판심에는 각수자(刻手者)의 이름을 새겼다. 표기 방법에서는 방점과 자획이 닳아 없어지면서 새롭게 고쳐진 부분을 볼 수 있어 당시 국어학을 이해하는 데 소중한 자료로 활용된다.

마구리 크기는 가로 5센티미터, 세로 23센티미터, 너비 2.5센티미터, 판목은 가로 21센티미터, 세로 81센티미터, 너비 2.5센티미터이다.

이 밖에 갑사에는 치문경훈(緇門警訓, 1614년), 대혜보각선사서(大慧普覺禪師書, 1566년), 고봉화상선요(高峰和尙禪要, 1565년), 몽산화상육도보설(蒙山和尙六道普說, 1568년), 불설대부모은중경(佛說大父母恩重經, 1567년), 불설금강정유가최승왕경다라니(佛說金剛頂瑜伽最勝王經陀羅尼, 1569년), 천지명양수륙제의찬요(天地冥陽水陸齊儀纂

계룡갑사 현액 강당에 걸려 있는 현액으로, 단아하면서도 웅건한 맛을 준다.

要, 1571년), 북두칠성공양문(北斗七星供養文, 1580년) 등의 간기(刊記)를 지닌 판목들을 비롯하여 위산경책(潙山警策) 1매와 1754년 사미(沙彌) 민옥(敏玉)이 쓴 『갑사유산록(甲寺遊山錄)』 등이 남아 있다.

계룡갑사 현액

갑사 강당에 걸려 있는 현액(懸額)이다. 예서체(隸書體)로 '鷄龍甲寺'라 쓰고 왼쪽에 '정해국추절도사홍재희서(丁亥菊秋節度使洪在義書)'라는 간기가 있다. 당시 절도사였던 홍재희가 정해년(1887) 9월에 쓴 것임을 알 수 있으며 단아하면서도 웅건한 맛을 준다.

중사자암터 3층석탑

이 탑은 현재 갑사 대웅전의 북쪽 응향각 옆에 세워져 있는데 원래는 갑사의 부속 암자인 중사자암에 있던 것을 대적전 뒤쪽으로 옮겨 안치했다가 지금의 자리로 다시 옮긴 것으로 전해진다. 현재의 높이는 190센티미터로 기단은 일부가 결실되어 하층만이 남아 있고 위는 탑신과 옥개를 하나의 돌로 결구한 3층의 탑신부로 구성되어 있다.

중사자암터 3층석탑 대웅전의 북쪽 응향각 옆에 세워져 있는데, 기단은 일부가 결실되어 하층만 남아 있고 위에는 탑신과 옥개를 하나의 돌로 결구한 3층의 탑신부로 구성되어 있다.

탑의 기단부는 지면에 잇대어 4매의 장대석으로 결구한 지대석을 올렸는데, 4면에 안상(眼象)이 새겨져 있다. 지대석 바로 위로 갑석(甲石)이 올려져 있고 갑석에는 우동(隅棟)이 조각되었으며 탑신 받침은 2단의 모굴림 장식으로 처리하였다. 한 돌로 된 탑신은 모서리기둥[隅柱]을 잔각시켰고 2층으로 가면서 높이가 급격히 줄어들었다.

역시 한 돌로 된 옥개석에는 3단의 층급받침을 조각하였으며 둔중한 전각(轉角)이 반전을 이루었다. 상륜부는 본래의 것이 결실되어 석질이 다른 새로운 연봉 형태의 보주만이 올려져 있다. 모굴림 장식으로 높게 솟은 기단의 갑석과 둔중한 옥개석 아래에 3층으로 줄어든 탑신받침으로 미루어 고려 중기의 석탑으로 추정된다. 충청남도 유형문화재 제55호.

공우탑

갑사 대웅전에서 대적전으로 가는 길을 따라가다 보면 계곡 옆에 공우탑이 위치하고 있다. 방형의 기단과 탑신, 옥개로 이루어진 일반적

공우탑 대웅전에서 대적전으로 가는 길 계곡 옆에 위치하고 있다. 방형의 기단과 탑신, 옥개로 이루어진 일반적인 석탑의 형식을 갖춘 이형의 부도이다.

인 석탑의 형식을 갖춘 이형(異形)의 부도로 본래 갑사의 부속 암자에서 옮겨온 것으로 전해진다.

기단부는 별도의 장식 없이 간단히 결구되었고 3층으로 이루어진 탑신과 옥개가 놓여 있다. 넓적한 방형 판석을 이용하여 갑석을 만들어 그 상부에 2단의 탑신받침을 새겼다. 위에 올려진 탑신석 전면에 '와탑기립 인도우합 삼혜을응 궐공거갑(臥塔起立 人道偶合 三兮乙乙 厥功居甲)'이라는 4행의 명문을 새겼으며, 2층 탑신과 3층 탑신에도 각각 '우탑(牛塔)', '공(功)'의 음각명이 새겨져 있어 '공우탑'으로 이름지어진 이유를 알 수 있다.

각 층의 탑신 좌우에 모서리기둥만을 간략히 조각하였으며 탑신 위에는 급격한 경사의 낙수면(落水面)을 지닌 옥개석이 놓여 있는데 옥개석 네 귀의 처마가 살짝 반전을 이루었다. 옥개석 아래로 4단의 층급받침을 조각하였지만 전체적으로 둔중한 느낌이 든다. 상륜부는 현재 노반(露盤)과 보주가 올려져 있지만 근래에 새로이 만든 것이다. 제작시기는 분명하지 않으나 양식면에서 보아 조선시대 후기의 작품으로 짐작되며 갑사 중창 때에 커다란 공로를 세운 소를 기념하기 위해 세워진 탑이라고 전한다. 현재 높이는 293센티미터이다.

철당간과 석조 지주

당간이란 사찰의 입구나 영역을 알리는 번(幡)을 높다란 철제나 석제 기둥 끝에 달아 오르내릴 수 있도록 만든 깃대를 말한다. 그 끝단에는 화려한 용머리 장식이 부착되기도 하였는데, 실제로 호암박물관 소장의 용두당간, 그리고 풍기(豊基)에서 출토된 금동 용두당간을 통해 확인해 볼 수 있다. 현재는 대부분 당간을 고정시키는 석조 지주만이 남아 있는데 그 완형을 볼 수 있는 것으로는 갑사 철당간을 비롯하여 청주 용두사터(龍頭寺址) 철당간(962년), 담양(潭陽) 읍내리(邑內里)와

나주(羅州) 동문(東門)의 석당간 등 4점에 불과하다.

이 당간은 갑사의 원래 금당지로 추정되는 서쪽 끝부분에서 계단을 내려와 약 30미터 지점의 편평한 대지 위에 세워져 있다. 철당간은 여러 마디로 된 지름 50센티미터의 철통을 두 개의 석조 지주 사이에 세운 것으로 다섯 번째 마디 부분을 3줄의 철심으로 묶어 지주에 고정시켰다. 현재 남아 있는 것은 24절로 본래는 28절이었던 것이 고종 35년에 폭풍으로 4개의 마디가 부러져 결실된 것이라 한다.

당간을 받치는 간대(竿臺)는 장대석 2매를 합친 뒤 쇠목으로 고정시켜 장방형을 이루도록 만들었으며 이 기단 양쪽에 2구, 앞뒤에 3구씩의 안상을 음각하였다. 또한 기단의 윗면 중앙에는 당간을 끼울 수 있도록 한 원좌(圓座)가 돌출되어 있다. 양쪽 지주에는 아무런 문양이나 장식이 없는 대신 지주 상단 바깥면에 각을 죽여 호선(弧線)을 그리도록 매끄럽게 다듬었다.

전체적인 외형이 통일신라 당간지주에 비해 다소 단순화된 섬약함을 볼 수 있지만, 갑사가 통일신라 헌안왕 3년과 진성여왕 원년에 중창하였다는 말에 따라 당시의 제작으로 보기도 한다. 현재

철당간과 석조 지주 여러 마디로 된 지름 50센티미터의 철통을 두 개의 석조 지주 사이에 세운 것으로 다섯 번째 마디 부분을 3줄의 철심으로 묶어 지주에 고정시켰다.

철당간의 전체 높이는 15미터 정도이며 지주는 3미터이고 보물 제256호로 지정되어 있다.

갑사 사적비

자연의 암반 위에 장방형의 비좌(碑座)를 마련하고 그 앞에는 연꽃무늬를 조각하였다. 대리석으로 이루어진 비신(碑身)의 4면에는 갑사의 창건과 연혁 등을 기록하였는데, 비문 끝부분에 기록된 '숭정17년 갑신후16년기해9월일립(崇禎十七年甲申後十六年己亥九月日立)'으로 미루어 조선 효종(孝宗) 10년(1659)에 세워진 것임을 알 수 있다. 비문은 여주목사 이지천이 짓고 전 공주목사(公州牧使) 이기징(李箕徵)이 썼으며, 비신 상단의 '공주계룡산갑사사적비(公州鷄龍山岬寺史蹟碑)'라는 전서(篆書)는 전행무장현감(前行茂長縣監) 홍석구(洪錫龜)의 글씨임을 기록하였다.

또한 지금의 '갑사(甲寺)'라는 명칭이 이 사적비나 『동국여지승람(東國輿地勝覽)』 권17「공주목(公州牧)」 '불우(佛宇)' 조에 기록된 것처럼 조선 중기까지는 '갑사(岬寺)'로 쓰여졌음을 알

사적비 자연의 암반 위에 장방형의 비좌를 마련하고 그 앞에는 연꽃무늬를 조각하였다. 대리석으로 이루어진 비신의 4면에는 갑사의 창건과 연혁 등에 관한 내력을 기록하였다.

수 있다. 비의 지붕돌[蓋石]은 사모를 이룬 모양으로 정상부에는 별석으로 된 보주가 조각되었다. 비신의 높이는 225센티미터, 너비는 133센티미터, 두께는 49센티미터이며, 현재 충청남도 유형문화재 제52호로 지정되어 있다.

대적전 앞 팔각 부도

원래는 갑사 뒤편에 위치하고 있는 중사자암에 있던 것을 현재 위치인 대적전 앞으로 이전하여 다시 세운 것으로 알려진다. 화강암으로 이루어진 고려시대 부도로 지대석(地臺石)과 탑신, 옥개 등이 팔각을 이룬 팔각원당형(八角圓堂形)의 형식을 따르고 있다.

몇 개의 돌로 구성된 팔각의 높은 지대석 위에 올려진 3층의 기단부 가운데 하대는 아래부터 크기를 줄여가며 연잎, 사자와 동자상, 구름무늬를 입체적인 고부조로 조각하여 매우 화려하게 꾸몄다. 이 하대와 별도로 팔각으로 이루어진 난간형 받침석을 끼웠는데, 상부면에 홈을 파서 물길을 만든 점이 주목된다. 이 위에 놓여진 거의 원형에 가까운 중대는 각 모서리마다 꽃봉오리를 돌출 장식하고 그 사이의 8면에는 주악천인상(奏樂天人像)을 부조하였다.

상대석(上臺石) 역시 팔각으로 밑에 두툼한 부연(副緣)이 표현되었고 상단을 돌아가며 복련의 복판연화문(複瓣蓮花文)을 유려하게 장식하였다. 2단의 층급받침으로 받쳐진 탑신받침 위에 놓인 팔각의 탑신석에는 앞뒤 양면에 문비(門扉, 문짝)와 자물쇠가 표현되었고 그 좌우로 지물을 든 사천왕상을 도드라지게 부조하였다. 위에 놓인 팔각의 옥개석은 지붕이 너무 높게 솟아 원추 모양을 하고 있는데, 목조 건물의 팔각 지붕 형태를 그대로 모방한 듯 서까래, 용마루, 부연까지 정교하게 표현하였다. 지금은 상륜(相輪) 가운데 보주만이 남아 있으나 이것도 나중에 보수된 것이다.

대적전 앞 팔각 부도 화강암으로 이루어진 고려시대 부도로 지대석과 탑신, 옥개 등이 팔각을 이룬 팔각원당형의 형식을 따르고 있다.

팔각 부도 세부 몇 개의 돌로 구성된 팔각의 높은 지대석 위에 올려진 3층의 기단부 가운데 하대는 아래로부터 크기를 줄여가며 연잎, 사자와 동자상, 구름무늬를 입체적인 부조로 조각하여 매우 화려하게 꾸몄다.

전체적으로 섬세하면서도 화려함이 강조된 매우 장식적인 부도이지만 옥개 부분의 너비가 너무 좁고 높게 솟아 균형감이 상실되었으며 하대에 비해 상부의 조각 솜씨가 다소 섬약해진 느낌을 준다. 고려시대에서 그다지 시대가 뒤떨어지지 않는 전기의 작품으로 추정된다. 현재 보물 제257호로 지정되어 있으며 높이는 205센티미터이다.

갑사 부도군

갑사 입구에서 본전(本殿)을 향하여 500미터 지점에 있는 부도골이라는 계곡에는 16기의 부도가 세워져 있다. 이들 부도는 세부 표현에서 약간씩 다르지만 조선 후기의 전형적인 승탑 형태인 석종형(石鐘形) 부도 양식을 따르고 있다.

이 가운데 탑 이름이 기록된 예들을 살펴보면 오른쪽부터 첫번째 부도가 대산당(大山堂) 취운탑(取云塔), 다섯 번째가 '충허당(冲虛堂) 의밀미탑(義密尾塔)'이고, 여섯 번째 부도는 '□□□□미탑병신년2월립(□□□□尾塔丙申年二月立)'이란 명문이 기록되어 있지만 정확한 탑명과 건립 시기는 알 수 없다. 일곱 번째가 함황당(涵瑝堂) 부도, 아홉 번째가 사영당(俟靈堂) 부도이며, 열 번째의 현은당(玄隱堂) 부도는 대석(臺石) 윗면에 '현은당대사동오 숭정30년2월일립(玄隱堂大師洞悟崇禎三十年二月日立)'이란 명문이 있어 1657년에 건립된 것을 알 수 있는 중요한 작품이다.

이 부도는 방형 지대석 위에 원반형의 하대석을 두었는데 그 바깥을 3단의 연판문으로 조각하였으며, 상단 중앙에 원형의 탑신 받침을 돌출시켜 구형(球形)의 탑신을 올려 놓았다. 탑신 위에는 둔중한 사각 지붕의 옥개석이 올려져 있다.

열한 번째의 낙서당(樂西堂) 부도 역시 탑신의 앞면에 2행의 종서(縱書)로 쓰여진 '낙서당 … 가경20년병□3월립(樂西堂 … 嘉慶二十年丙□三月立)'이란 명문을 통해 1815년에 건립된 것을 알 수 있으며 일반적

갑사 부도군 입구에서 본전 쪽으로 500미터 거리에 있는 부도골이라는 계곡에는 16기의 부도가 세워져 있다. 이들 부도는 조선 후기 승탑 형태인 석종형 부도 양식을 따르고 있다.

갑사 부도군 이 2기의 부도는 갑사 대웅전 뒤편에 위치하고 있다. 이 곳은 100여 평의 편평한 대지로 형성되어 있으며 주변에는 부도의 기단석과 대석으로 보이는 석재가 남아 있다.

인 종형을 따르고 있다. 열세 번째의 부도는 용월당(龍月堂) 부도로 탑신 앞면에는 위패형(位牌形)을 조각하였고 위패에는 '비구미룡월당가관지탑(比丘尾龍月堂假寬之塔)'이란 명문을, 대좌에는 '숭정기원기미□윤4월초□입(崇靖紀元己未□閏四月初□立)'이란 명문을 새겼다. 열네 번째 부도는 청심당(淸心堂) 부도이며 열다섯 번째의 부도는 대석의 팔각면에 '□봉당대사□탑(□峯堂大師□塔)'이란 명문이 새겨져 있다.

마지막 열여섯 번째 부도에는 옥개 처마부에 '□헌당대사(□軒堂大師)…'라는 명문이 있는데 16기의 부도 가운데 보존 상태가 완전하면서도 양식적으로 우수하다. 방형의 지대석 위에는 상·중·하대로 기단부를 만들어 상·하대에는 복판의 앙련(仰蓮)과 복련(伏蓮)을 각각 유려하게 장식하였고 구형을 이룬 탑신 위로 마치 조선시대의 장명등(長明燈, 무덤 앞에 세우는 돌로 만든 등)에서 볼 수 있는 우진각 지붕의 둔중한 옥개석을 얹어 놓았다. 조선시대 부도 가운데 그다지 시대가 늦지 않은 16, 17세기의 작품으로 추정된다.

또 다른 2기의 부도는 갑사 대웅전 뒤편에 위치하고 있다. 100여 평가량의 편평한 대지로 주변에는 부도의 기단석과 대석으로 보이는 석재가 남아 있다. 한 부도는 기단부를 상·중·하대로 구분하여 폭이 좁은 팔각의 중대와 상·하대에 연판을 돌린 팔각 대좌로 구성하고 이 위에 구형 탑신을 놓았다. 탑신 위에 올려진 지붕은 처마 끝단의 전각이 지나치게 두터우면서도 낙수면이 평박하고 높은 보주 장식이 과장되어 둔중한 느낌을 준다. 나머지 1기는 일반적인 종형 부도이다.

사자암 부도

갑사에서 동학사로 넘어가는 산마루 중간 지점에 갑사의 부속 암자 가운데 하나인 사자암이 있으며 부도는 사자암에서 200미터 가량 떨어진 곳에 세워져 있다. 이 부도는 팔각으로 이루어진 지대석과 기단부 가운데 12엽의 복판 복엽(伏葉)으로 조각된 하대를 한 돌로 만들었다. 그 위에 띠 모양의 낮은 중대를 둔 뒤 상대에는 16엽의 앙련을 두었으나 하대에 비해 매우 도식적인 단판의 연화문으로 처리하였다. 이처럼 하대의 연판 모습과 양식이 상대와 확연히 구별되도록 한 점은 처음부터 별개의 부도로 만들어져 조합되었을 가능성도 배제할 수 없다.

독[甕] 모양의 탑신부에는 아무런 장식이 없으며 위에 놓인 사각 지붕의 옥개석은 처마 끝단이 약간 반전을 이루었으나 전각이 지나치게 두텁고 둔중하며 낙수면도 불규칙적으로 굴곡을 이루어 매우 답답한 인상을 준다. 이 부도의 전체적인 형상은 앞에서 예를 든 대웅전 뒤편의 부도와 매우 유사하여 거의 비슷한 시기의 작품으로 추정된다. 높이는 225센티미터이고 조선 후기 부도 가운데 비교적 큰 편에 속한다.

2 동학사

동학사의 연혁

충청남도 공주시 반포면 학봉리 계룡산 동북쪽 기슭에 있는 사찰로 대한불교조계종 제6교구 본사인 마곡사의 말사이다. 공주에서 대전으로 가는 길가에 위치한 백정자(栢亭子)에서 계룡산을 향하여 10리 정도 조그만 길을 따라가면 소나무 숲에 들어서게 된다. 절의 경계에 들어서면 홍살문을 만나게 되는데 조금 더 올라가면 숙모전(肅慕殿)이 있고 그 위로 동학사 강루와 서쪽 산기슭에 대웅전이 있다.

동학사는 오랜 역사에도 불구하고 몇 차례의 큰 화재로 이전의 문화재와 문적들이 모두 없어졌다. 지금 남아 있는 관련 서적으로는 옛 문인들의 문집류에 보이는 단편적인 기록들과 최승도인(最勝道人)이 1869년경에 기록한 것으로 보이는 「계룡산동학사사적(鷄龍山東鶴寺事蹟)」이 있을 뿐이다.

「계룡산동학사사적」은 당시까지 전해 오던 조한익(趙漢益)·임수(林洙)·김응화(金應化)·정재룡(鄭在龍)·두봉량(竇峰良) 등이 쓴 동학사 관련 사적이 한결같지 않고 번잡하다고 하여 당시 동학사 주지 임연성(林然性)의 청을 받아 만들어진 것이라고 한다. 특히 창건에 관한 사실은 이 기록이 거의 유일한 것이어서 이에 의지할 수밖에 없으나 그대로 취하기에는 몇 가지 의심스러운 점이 있다.

동학사는 '東鶴寺', '東學寺' 등으로 일컬어져 왔다. 대체로 조선 세조가 '東學寺'란 이름을 내리고 난 뒤부터 헌종 2년(1836) 무렵까지는 이 이름으로 일컬어졌으나 고려 초부터 조선 세조 이전까지와 헌종 이후로는 '東鶴寺'로 불려졌던 것으로 보인다. 동학사(東鶴寺)는 이 절의 동쪽에 학 모양의 바위가 있다고 하여 붙여진 이름인데, 부처님이 학서(鶴捿)에서 열반한 것과 비교하여 동방의 이곳도 그에 마땅한 땅이라는 사실과 결부되어 있다. 또한 세조가 동학사(東學寺)란 이름을 내렸던 것은 당시 동방이학(東方理學)의 조종(祖宗)인 정몽주(鄭夢周, 1337~1392년)를 이 절에 제향했기 때문이라는 설도 있다.

동학사 창건 설화

동학사의 창건주와 그 연대는 자세하지 않다. 다만 「계룡산동학사사적」에 창건에 관한 연기 설화가 전하는데 이를 소개하면 다음과 같다.

(남매의) 위탑(偉塔)은 … 당나라 현종(玄宗) 개원(開元) 연간(712~756년)에 당나라 승려 상원(上願) 조사가 보은함이 있어 어떤 미인과 남매가 되었다. 함께 수도하여 성취가 있자 이곳에 옮겨와 거처하였다. 회의(懷疑) 화상이 이를 위하여 탑을 세웠는데 지금도 동학사의 한쪽에 있다. … 먼저 풀집을 지은 이는 회의(아) 화상인데, 때는 신라 성지갑자(聖之甲子)년이다.

위의 설화는 회의 화상이 신라 '성지갑자'년에 동학사의 전신인 상원사(上願寺)를 창건하게 된 연기를 밝힌 것이다. 앞의 설화에 보이는 남매의 위탑이란 현재 동학사 북쪽 2킬로미터 지점에 있는 남매탑을 가리키는 듯한데, 그 양식으로 보아 대체로 고려 후기의 것으로 여겨진다. 또한 당나라 승려라는 상원 조사나 탑을 세웠다는 회의 화상의 사적은 「계룡산동학사사적」을 제외하고는 다른 기록에 보이지 않는다. 이처럼 동학사의 창건과 관련된 현존 유일의 설화에는 분명하지 않은 부분이 많다.

만일 앞의 설화를 그대로 인정한다고 하더라도 창건 시기에 관한 문제가 남는다. 곧 회의 화상이 상원사를 풀짚으로 지었다는 '성지갑자'년은 상원 조사가 이곳에 왔다는 당 현종 때나 그 이후가 되겠는데 지금까지는 성덕왕(聖德王) 23년(724)의 일로 보고 있다. 그러나 이 무렵 갑자년에 재위하고 왕호 가운데 '聖' 자가 들어 있는 왕으로는 성덕왕뿐만 아니라 문성왕(文聖王)도 있음을 생각할 때, 상원사의 창건 시기는 문성왕 7년(845)일 가능성도 있다.

한편 사적기에는 도선 국사(道詵國師, 827~898년)가 이를 중창하여 고려 태조의 원당으로 삼았다고 하였으나, 그 시기에 대해서도 '후당 장종(923~925년) 무렵'이라는 설과 '당 대순 원년(890)'이라는 설을 함께 전하고 있다. 만일 도선의 생존 연대를 생각한다면 진성여왕 4년(890)이 합당하지만 이때는 아직 태봉이나 고려가 들어서기 전이므로 도선 국사가 고려의 등장을 예언했다는 사실과 관련될 듯하다.

고려 태조 19년(936)에 신라가 망하자 그 이듬해에 신라 대승관(大丞官) 유차달(柳車達)이 신라의 시조 박혁거세(朴赫居世)와 충신 박제상(朴堤上)의 초혼제(招魂祭)를 지내기 위하여 이곳에 동학사(東鶴祠)를 짓고 절을 확장한 뒤에 절 이름도 동학사(東鶴寺)로 바꾸었다고 전한다. 그 이후로 동학사에 관한 고려시대의 사적은 찾아볼 수 없지만 조선시대에 이르러 고려의 역대 왕과 충신들의 제사를 지내는 절로 자리잡게 되었다.

역대 충혼의 안양처 동학사

조선시대의 동학사는 불법의 근본 도량이라기보다는 역대 조종에서 죄 없이 죽은 충신들의 혼령을 위하여 공양을 베풀던 곳으로 더 알려졌다. 고려가 멸망한 직후인 조선 태조 3년(1394)에는 고려 유신(遺臣) 야은(冶隱) 길재(吉再, 1353~1419년)가 동학사의 승려 운선(雲禪)과 함께 단을 쌓아서 고려 태조를 비롯한 충정왕과 공민왕의 초혼제와 정몽주의 제사를 지냈다.

또 정종 원년(1399)에는 고려 유신 유방택(柳芳澤)이 이 절에 와서 포은(圃隱) 정몽주·목은(牧隱) 이색(李穡, 1328~1396년)·야은 길재 등 이른바 삼은(三隱)의 초혼제를 지냈으며, 그 이듬해에는 공주목사 이정간(李貞幹)이 그 일을 사모하여 초혼했던 땅에 삼은단(三隱壇)을 만들고 삼은각(三隱閣)을 세워 제사를 지냈다. 이로써 해마다 향수(享需, 제사 지내는 음식)를 갖추어 제사를 지냈으며 그뒤 태종 원년(1401)에는 무학(無學) 국사가 사찰을 수백 칸 중긴하였다고 한다.

단종이 즉위한 지 3년(1455) 만에 왕위를 세조에게 선양하자 김시습(金時習, 1435~1493년)은 삭발하고 승려가 되어 강호를 방랑하다가 우연히 이 절에 오게 되었다. 그는 삼은각을 보고 마음에 사모하는 정이 일어나 깊이 삼은을 추모하였다. 그 이듬해에 박팽년(朴彭年)·성삼문(成三問)·이개(李塏)·하위지(河緯地)·유성원(柳誠源)·유응부(兪應孚) 등 이른바 사육신(死六臣)이 단종의 복위를 꾀하다가 죽임을 당하자, 김시습이 밤을 틈타 몰래 6신의 주검을 노량에 묻고 곧바로 이 절로 와서 삼은각 옆에 땅을 골라 단을 만들어 초혼제를 지냈다.

세조 3년(1457) 9월에 왕이 속리산에서 온양 온천에 거둥하던 차에 이 절에 들르게 되었다. 삼은각을 보고 감동하여 아울러 김시습의 미음을 헤아리게 되었다. 이에 8폭 비단으로 사육신과 그 부자형제 및 연좌하여 죽은 자의 성명 총 100여 위를 열명(列名)한 '병자원적(丙子寃籍)'을 내렸다. 또 삼은 고사에 감격하여 고려 역대 왕의 성과 이름 및 고려 말에 죄 없이 죽은 자의 성명 100여 위를 열명하여 내리고 그들의 천도를 축원하였다.

그 해 10월에 단종이 영월에서 죽었는데 사람들이 화가 미칠까 두려워 감히 주검을 거두어 장사지내지 못하였다. 영월군의 하급 관리였던 엄흥도(嚴興道)가 홀로 가서 통곡하며 옥체를 수습하여 군의 북쪽 동을지(冬乙旨)에 장사지낸 뒤 임금의 도포를 받들고 도망하여 숨어 다니다가 김시습을 만나게 되었다. 김시습과 엄흥도가 함께 이 절에 와서 사육신의 단 위에 또 단 하나를 만드니 모양이 '품(品)'자와 같았다. 제사를 지냈던 당시 김시습이 지은 「초혼사(招魂辭)」가 지금도 전하고 있다.

수려하구나. 산이 깊구나. 중천의 달이 강림하도다. 왕의 영혼이 내려와 임하심이라. 넓으신 은혜를 느껴 생각함이여. 임금의 의관과 궤장(几杖)을 거두어 제사지낸 것을 본받으리라. 우임금이 제사지낸 의례를 이끌어 생각할지라. 산의 열매와 내의 고기 등도 슬피 울며 혼을 부름이라. 비록 제의의 예는 다하지 못하였으나 뜻은 이에 있음이라. 감히 청하여 상향하나이다. (『성삼문유집(成三問遺集)』)

세조 4년, 왕은 친히 동학사에 와서 제단을 살핀 뒤 단종을 비롯하여 정순왕후·금성대군 및 계유정난(癸酉靖難, 1453년)의 세 재상 김종서(金宗瑞)·황보인(皇甫仁)·정분(鄭奔) 등과 사육신, 그리고 세조 찬위로 원통하게 죽은 280여 명의 성명을 비단에 써서 주며 토지를 내렸다. 또한 초혼각(招魂閣)을 세울 것을 명하고 동학사란 이름을 내리며 승려와 유생이 함께 해마다 10월에 제사를 받들도록 하였다.

그뒤 세조 13년(1467)에 김시습·조상치(曹尙治)·정지산(鄭之

숙모전의 단종 위패 동학사는 고려 역대 왕과 조선 단종 및 삼은, 사육신 등 역대 충혼들을 제향하는 곳으로 국가의 보호를 받아 왔다.

産) · 송간(宋侃) · 성희(成熺) · 조려(趙旅) · 이색 등이 모여서 의논하고 또한 제사를 지냈다. 조상치가 지은 제문이 지금도 전한다.

유세차 정해 3월 무자 초하루 15일 임인에 전행참판 신 조상치는 감히 왕 전하의 영에 밝히고자 합니다. 멀리서 빼어난 봉우리를 바라보니 눈물이 흘러 말을 잇지 못하겠습니다. 거동을 갖추고 사모하여 이에 사당을 세우고, 사무쳐 지팡이를 받들고 삼신을 삼아 제사를 지냅니다. 이로써 감히 제사일에 엷은 예로써 베풀어 상향하나이다. (『성삼문유집』)

이로부터 해마다 봄 제사는 3월 15일, 가을 제사는 10월 24일을 정례로 삼아 지금까지 계속되고 있다. 이로써 동학사는 고려 역대 왕과 조선 단종 및 삼은, 사육신 등 역대 충혼들을 제향하는 곳으로 국가의 보호를 받게 되었다.

그뒤 조선 전기 무렵에는 동학사 사적이 보이지 않으나, 17세기를 전후한 때에 부도전의 불기(佛器)를 갖추면서 단월들에게 시주를 권하는 「계룡산동학사부도전불기권화설(鷄龍山東學寺浮屠殿佛器勸化說)」이 『중관대사유고(中觀大師遺稿)』에 전하고 있다. 이는 해안(海眼, 1567~?년)이 쓴 것인데, 그가 이를 쓰게 된 연유는 자세하지 않다. 다만 그는 휴정의 문하에서 수학하여 심인(心印)을 받았으며, 임진왜란 당시에 영남 지방에서 승군을 일으켜 전공을 세워 총섭(摠攝, 승통)이 되었고, 이후에는 화엄사에 있으면서 대화엄종주로서 법화를 크게 폈다고 한다.

서원·사찰의 교체와 동학사

세조가 특별한 관심을 쏟았던 절이지만 동학사는 영조 4년(1728) 신천영(申天永)이란 사람이 절을 불태워 초혼각을 비롯한 모든 건물이 소실되었다. 이로써 조선 전기의 모습은 사라지고 쇠락하여 근근이 명맥만을 유지하였던 듯하다. 조선 숙종·영조 때에 활동했던 문인 남하정(南夏正, 1678~1751년)은 「계룡산기행」에서 당시 동학사의 모습을 다음과 같이 묘사하였다.

1731년 가을에 산소를 이장하고 나서 두 동생과 함께 봉명리(鳳鳴里)에 묵었다. 다음날 새벽에 공암촌(孔巖村)을 지나오며 서기(徐起)의 사당을 보고 동학사에 들렀다. 동학사는 퇴락하여 승려 6, 7명이 지키고 있을 뿐이었다. 그리고는 친구인 정세형(鄭世衡)의 집에 이르니, 정세형이 '계룡산 정상에 오르면 신도안과 주위 산천을 다 볼 수 있다'고 한 번 오르기를 청하였다. 다음날 산에 오르니 수려한 산의 정기가 마음의 모든 티끌을 씻어 주는 듯하였다. 정상에는 암석이 많았고 주위가 한눈에 내려다보였다. 푸른 석벽과 붉은 언덕 사이로 불당이 어렴풋이 비치니 동학사의 암자들이다.

정조 8년(1784)에 동학사는 또다시 심한 화재를 당하여 초혼각을 비롯한 각 건물과 절의 물품이 모두 불타 버렸다. 이에 단지 풀짚으로 엮은 암자 몇 채만을 지어 옛터를 지켜 오게 되었다. 그 이듬해에는 정후겸(鄭厚謙, 1749~1776년)이 절의 위토(位土)까지 팔아버려 근근이 명맥을 이어오던 제사마저도 중단되었다.

이로써 순조 14년(1814)에는 이 절의 승려 금봉(錦峰) 월인(月印)이 절이 허물어지고 역대 충혼의 제사가 끊어진 것을 한탄하여 이를 영읍에 아뢰었다. 영읍에서도 이를 예조에 올려, 순조 18년에 이르러 예조에서 권선문(勸善文)을 내림으로써 각 사찰과 여염으로부터 널리 보조를 얻어 초혼각과 사찰 수십 칸을 중건할 수 있었다. 또한 충청좌도 어사 유석(柳奭)과 정하영(鄭河永)이 각각 300냥과 제납(祭畓)을 시주하여 다시 제사를 지낼 수 있게 되었다.

그뒤 어느 때인가 유생의 무리들이 절을 폐하여 동학서원(東學書院)으로 삼았던 듯하다. 『헌종실록』에는 헌종 2년(1836) 4월, 공주 사람 정규흠(鄭奎欽)이 동학사(東學祠)에서 일을 보던 유생 무리들과 몰래 통문을 만들어 각 서원에 돌렸는데, 그 가운데 한 두 구절이 임금을 노하게 하였고 그 선조를 욕되게 하였으므로 국문하여 죄에 처한 일이었다. 이 일로 말미암아 동학사는 서원에서 사찰로 복귀하여 옛날과 같이 승려들이 역대 충혼들에 대한 제사를 지낼 수 있게 되었고, 이때 그 명칭도 본래의 동학사(東鶴寺)로 돌이킨 듯하다.

고종 원년(1864) 봄에는 금강산에 있던 만화(萬化)와 보선(普善) 스

님이 이 절에 와서 주석하게 되었다. 두 스님은 옛 사찰의 모습이 사라진 채 협소하고 무너지려 함을 민망히 여겨 재화를 널리 모아 건물 40칸과 초혼각 2칸을 중건하였다.

이때의 당우는 자세히 살필 수 없으나, 만화 스님이 중건한 뒤인 기사년 곧 1869년에 기록된 것으로 여겨지는 「계룡산동학사사적」에서 당시의 사세를 어느 정도 가늠할 수 있다. "절은 총면적 300정(町)의 산림 한가운데에 자리하고 있어 매우 아름다운 경관을 이룬다. 미타(彌陀)와 길상(吉祥) 두 암자에는 비구니들이 거처한다. 문수(文殊)·실상(實相)·적멸(寂滅)·정각(正覺)·상원(上願)·오송(五松) 등의 암자가 있다."

광무 8년(1904) 나라에서 초혼각을 고쳐 숙모전이라 사액함으로써 역대 충혼들을 모시는 곳을 승격시키는 조치가 있었다. 이때에 이전에 나라에서 정하여 내린 20여 결의 토지가 언제 폐지되었는지 알 수 없으나, 관아로부터 단지 2결 33복 7석을 지급받아 제사의 비용에 보태게 되었다. 그러나 이 또한 그뒤 중단되어 절에서 모든 비용을 부담하게 되었다.

현재의 동학사는 한국전쟁 때에 다시 대부분의 건물이 불에 타서 1960년 이후에 중건된 것이다. 따라서 현존하는 당우로는 대웅전, 무

동학사 전경

량수각, 대방, 삼은각, 숙모전, 범종각, 동학강원 등이 있으나 문화재
적 가치는 그다지 없다. 이 가운데 동학강원은 운문사의 강원과 함께
우리나라의 대표적인 비구니 수련 도량으로 손꼽히고 있다. 산내의 암
자로는 상원암(남매탑), 문수암, 길상암, 미타암 등이 있다.

동학사의 건축

동학사는 계룡산 동북쪽 깊숙한 계곡을 끼고 갑사와는 대응되는 위치에 세워져 있다. 동서로 길게 남향하여 터를 잡고 있고 그 앞쪽으로 계곡이 흐른다. 현재 동학사에는 20여 채가 넘는 건물들이 세워져 있으나 대부분 근래에 세워진 것들이다.

대웅전

정면 3칸, 측면 3칸의 다포계 팔작집이다. 정면 기단은 장대석 세벌대로 되어 있으나 지형상 배면 쪽은 약간 낮다. 연꽃이 새겨진 다듬은 돌 초석 위에 두리기둥을 세웠다. 정면 중앙칸에는 사분합문, 좌우 툇간에는 삼분합문을 달았는데 문에는 십장생무늬를 새겨 치장하였다. 내부에는 우물마루를 들이고 배면 쪽으로는 측면 기둥보다 더 뒤로 내진고주를 세웠는데 이러한 방식은 조선 후기 수법에 속한다. 배면 벽쪽에 붙여 불단을 설치하고, 불단에는 석가모니불을 주불로 하여 아미타불과 약사불을 모셔 삼세불을 봉안하였으며 후불탱은 목각으로 제작설치되어 있다.

대웅전의 공포는 기둥과 기둥 사이에도 간포를 설치한 다포식인데

동학사 대웅전 정면 3칸, 측면 3칸의 다포계 팔작집이다. 배면 벽쪽에 붙여 불단을 설치
하고, 불단에는 석가모니불을 주불로 하여 아미타불과 약사불을 모셔 삼세불을 봉안하였
으며 후불탱을 목각으로 제작하였다. (위, 아래)

외3출목, 내5출목으로 내부가 2출목이 더 많다. 최상단을 제외한 1·2·3단의 쇠서는 앙서로 되어 있으나 최상단 살미의 쇠서 형태는 초엽형으로 되어 있으며 내부쪽은 운궁으로 되어 있다. 내진고주 사이에 설치된 창방 위로도 공포를 짜놓았으며, 측면 기둥 위에서 대들보 위로 걸쳐진 충량의 끝부분은 용두를 조각하여 끼워 놓아 대웅전 내부를 더욱 화려하게 장엄하고 있다. 천장은 우물 정자형으로 반자틀을 짜고 각 우물마다에 반자판을 설치한 뒤 소란을 끼운 소란반자로 되어 있다.

처마는 4면 모두 서까래와 부연을 사용한 겹처마로 되어 있고 지붕은 팔작지붕이며 기왓골 끝에는 막새와 내림새를 사용하였다. 건물 안팎 모두 화려한 금단청이 베풀어져 있다.

삼성각

정면 3칸, 측면 2칸의 익공계 맞배집이다. 자연석 기단 위에 덤벙주초를 놓고 두리기둥을 세웠다. 정면 3칸에는 각각 두짝띠살문을 달았다. 내부에는 우물마루를 들이고 불단을 설치한 뒤 칠성, 산신, 독성을 봉안하였다.

공포는 이익공 양식인데 쇠서는 위아래 모두 연꽃이 새겨진 앙서로 되어 있으며, 기둥 사이에는 사각형 화반이 설치되어 있다. 보머리에는 봉두를 조각하여 끼워 놓았다. 천장은 중앙부는 우물반자로 되어 있고 그 주위는 널반자로 되어 있다.

처마는 서까래와 부연을 사용한 겹처마이고, 맞배지붕 측면에는 풍판이 설치되어 있다. 기왓골 끝에는 막새와 내림새를 사용하였고 안팎으로 금모로단청이 베풀어져 있어 장엄에 많은 배려를 한 것을 느낄 수 있다. 원래 이 건물은 순조 14년(1814)에 대웅전으로 건립되었다가 1974년에 현재의 위치로 옮겨져 삼성각으로 사용되었다고 전한다.

삼성각 정면 3칸, 측면 2칸의 익공계 맞배집이다. 내부에는 우물마루를 들이고 불단을 설치한 뒤 칠성, 산신, 독성을 봉안하였다. (위, 아래)

숙모전 일곽

단종을 비롯해 단종 복위를 꾀하다 참형을 당한 충신 200여 위의 혼백을 위로하기 위한 제단이 있던 곳으로 원래 초혼각이 세워져 있었다. 현재의 숙모전은 고종 때에 재건된 것이다. 평삼문 형식의 인재문(仁在門)을 들어서면 정면에 주건물인 숙모전이 세워져 있고 좌우로는 긴 두 채의 건물이 세워져 중정을 형성하고 있는데 이러한 배치는 문묘의 대

숙모전 단종을 비롯해 단종 복위를 꾀하다 참형을 당한 충신 200여 위의 혼백을 위로하기 위한 제단이 있던 곳으로 초혼각이 세워져 있었다. 현재의 숙모전은 고종 때(광무 8년)에 재건된 것으로 예전의 초혼각을 고쳐 숙모전이라 사액하였다.

성전(공자의 위패를 모시는 전각)과 동·서무(유현들을 배향하는 동쪽과 서쪽의 건물)를 연상시킨다.

숙모전은 장대석 세벌대 기단 위에 다듬은돌 원형 초석을 놓고 두리기둥을 세웠으며, 정면 3칸에는 칸마다 사분합띠살문을 달았다. 공포는 초익공 양식이고 처마는 겹처마로 되어 있다. 지붕은 맞배지붕이고 측면으로는 풍판이 설치되어 있다.

양쪽 측면의 건물들도 장대석 기단에 다듬은돌 초석과 두리기둥을 사용하였다. 문짝은 띠살문이고 민도릿집 홑처마에 맞배지붕이며 측면에는 풍판이 설치되어 있다. 인재문 전면은 장대석 계단으로 되어 있으며 역시 다듬은돌 초석 위에 두리기둥을 세웠다. 칸마다 두짝판문을 달고 상부에는 홍살을 설치해 놓았다. 민도리 양식에 홑처마이며, 맞배지붕 측면으로 풍판이 설치되어 있다.

삼은각 일곽

고려조에 절의를 지킨 이들의 위패를 모신 곳이다. 처음에는 고려 태조와 충정왕과 공민왕을 모시다가 성몽주를 추가로 제사지냈으니 이후 삼은(정몽주, 이색, 길재)만 제사지내게 되면서 '삼은단'이라 불리게 되었다. 뒤에 유방택, 이숭인, 나계종을 추가로 배향하여 6인을 제사지내고 있으나 명칭은 그대로 삼은각이다.

삼은각은 정면 3칸, 측면 2칸의 앞퇴 부분을 개방한 사당 형식의 평면 구성이다. 장대석 기단에 다듬은돌 높은 초석을 사용하였다. 정면에만 두리기둥을 사용하였고 나머지는 네모기둥을 사용하였다. 중앙칸에는 사분합띠살문을, 좌우 뒷간에는 외짝띠살문을 설치해 놓았는데 이것은 주칸의 차이가 많기 때문이다.

초익공 겹처마에 맞배지붕이며 측면에는 풍판이 설치되어 있고 믹새와 내림새를 사용하였다.

동학사의 유물

　동학사의 창건에 관해서는 통일신라 성덕왕 23년인 724년에 양의 화상이 청량사(淸凉寺)로 창건하였다는 설과 고려 태조 3년인 920년, 또는 신라가 망한 936년에 도선 국사가 창건하였다고 전하지만 이들 모두 그다지 신빙성이 없다.

　이처럼 통일신라나 고려시대에 해당되는 기록이 불분명한 대신 조선시대에는 동학사에 와서 제를 올렸다는 여러 기록을 볼 수 있으며 특히 『동국여지승람』 권17 「공주목」 '불우' 조에 동학사의 기록이 있는 점으로 미루어 『동국여지승람』이 쓰여진 시기보다 앞선 고려 말이나 조선 초에 창건된 것으로 추측된다. 또한 당시에는 '동학사(東學寺)'라는 명칭으로 불려졌음도 알 수 있다.

　그러나 당시의 건물은 1728년에 전부 소실되고 1868년과 1869년에 대규모 중창이 이루어져 지금에 이른 것으로 보인다. 이를 반영하듯 동학사의 유물 가운데 대부분은 19세기 중반 이후의 것들로 그 이전의 시기에 해당되는 유물은 찾아볼 수 없다. 고려시대 것으로 보이는 대웅전 앞의 석탑은 계룡산의 다른 절터에서 옮겨온 것이며 불화도 삼성각 안에 봉안된 칠성탱화가 다른 예들보다 시대가 다소 앞서는 18, 19세기

의 작품으로 보이지만 화기가 없어 역시 다른 사찰에 있던 불화일 가능
성이 많다. 다만 동학사에 남아 있는 다양한 종류의 조선시대 부도를
통해서 동학사의 사세를 짐작해볼 따름이다.

대웅전 삼존불

동학사 대웅전에는 석가모니불을 주존으로 오른쪽에 아미타불, 왼쪽
에 약사불의 삼세불을 봉안하고 있다. 높이가 낮은 수미대좌 위에 결가
부좌한 소조 불상으로 삼존 모두 비슷한 모습이지만 중앙의 석가모니
불이 조금 크게 표현되고 의습과 수인에서 약간의 차이를 보인다.

중앙의 석가모니불은 오른쪽 어깨가 노출된 우견편단 위에 다시 대

대웅전 삼존불 석가모니불을 주존으로 오른쪽에 아미타불, 왼쪽에 약사불의 삼세불을 봉
안하고 있다. 19세기 불상에 새로운 근대 조각 양식이 가미된 작품으로 추정된다.

의가 걸쳐져 있으며 왼손바닥을 위로 향한 항마촉지인을 하였다. 양쪽 협시불은 모두 통견 법의에 중품하생인(中品下生印)을 서로 상반되게 취하였다. 그러나 왼쪽 약사불은 약합이 생략되어 있다.

머리는 나발이며 육계가 크고 반원형의 중앙 계주와 작은 정상 계주가 표현되었다. 목은 조선 후기의 불상보다 길어지고 삼도가 뚜렷하다. 어깨에 걸쳐진 대의에는 세로선의 두터운 주름이 표현되었고, 본존불의 가슴 앞을 가로지른 승각기가 협시불보다 가슴 윗부분까지 올라와 U자형 주름이 흘러내렸고 협시불은 몇 번의 주름이 안으로 접혀졌다. 신체에 비해 낮은 무릎에는 층단의 도식적인 주름이 묘사되어 있다. 19세기 불상에 새로운 근대 조각 양식이 가미된 근대의 작품으로 추정되며 1898년 불화와 함께 조성된 것으로 추정된다.

대웅전 신중탱화

대웅전 내부 후불벽에는 근래에 제작된 삼불회상(三佛會上)의 목각탱이 봉안되어 있고 동쪽 벽에는 신중탱화와 약사탱화, 서쪽 벽에는 아미타탱화(阿彌陀幀畵)와 현왕탱이 걸려 있는데, 목각탱을 제외한 불화들은 모두 광무 2년인 1898년에 제작된 것이다.

정방형의 신중탱화는 아랫단 중앙에 천룡(天龍)과 윗단 좌우로 범천과 제석천을 크게 묘사한 2단 구도로 배치되었다. 천룡은 투구와 갑옷을 몸에 걸쳤으며 그 좌우에 팔부중(八部衆)이 시립하였고 합장을 한 채 비스듬히 몸을 돌린 범천과 제석은 거의 동일한 모습으로 표현되었다. 머리 뒤에는 녹색을 칠한 원형의 두광이 묘사되었다. '계룡산동학사중단탱화조성봉안광무2년무술2월22일(鷄龍山東鶴寺中壇幀畵造成奉安光武二年戊戌二月二十二日)…'이라는 화기에서 보이듯 동학사의 중단탱화로서 광무 2년에 조성된 것을 알 수 있다. 크기는 가로, 세로 각각 186센티미터이다.

대웅전 약사탱화

결가부좌하고 양손에 약호를 든 약사불상을 화면 중앙에 크게 배치하였다. 머리 뒤의 두광은 녹색으로 표현하고 신광은 녹색과 백색의 굴곡된 방사선대로 광명을 나타내었다. 본존 주위에 육보살과 십대제자가 배치되었는데, 그 전체가 하나의 둥근 테두리 속에 수용되었다. 그리고 일광·월광의 협시보살은 사자와 소로 보이는 대좌 위에 앉아 있으며 육보살 모두 녹색 두광과 적색, 또는 녹색의 신광을 둘렀다. 화면 상부의 좌우 가장자리에는 창을 든 신장상이 1구씩 배치되었다. 신중탱화와 마찬가지로 1898년에 조성된 것으로 크기도 동일하다.

대웅전 약사탱화 결가부좌하고 양손에 약호를 든 약사불상을 중앙에 크게 배치하였다. 본존 주위에는 육보살과 십대제자가 배치되었는데, 그 전체가 하나의 둥근 테두리 속에 수용되었다.

대웅전 아미타탱화

화면의 윗단 중앙에 통견 법의에 결가부좌한 본존 주위로 팔보살과 십대제자를 배치한 형식이다. 앞줄에 관음과 대세지보살 등 사보살이 좌상으로 표현된 점이 이채롭다. 화면 아랫단 좌우에는 연못이 표현되어 연꽃 위에서 화생하는 화불이 1구씩 그려져 있다. 약사탱화와 같은 해에 그려진 것이다.

대웅전 아미타탱화 화면 윗단 중앙에 통견 법의에 결가부좌한 본존 주위로 팔보살과 십대제자를 배치한 형식이다. 약사탱화와 같은 해에 그려진 것이다.

대웅전 현왕탱

원유관을 쓰고 붉은 색의 옷을 입은 현왕(現王, 염라대왕)이 의자에 앉아서 서책을 검토하고 있는 장면을 중심으로 주위에 4명의 명부사자(冥府使者)와 판관 등이 서 있다. 대왕 앞에 엎드려 있는 판관은 죽은 자의 죄상을 알리고 있는 모습이며 그 옆에 있는 연상(硯床) 위에는 벼루와 먹이 놓여 있다.

대웅전 현왕탱 원유관을 쓰고 붉은 색의 옷을 입은 현왕이 의자에 앉아서 서책을 검토하고 있는 장면을 중심으로 주위에 4명의 명부사자와 판관 등이 서 있다.

삼성각 칠성탱화

대웅전 서쪽에 위치한 삼성각 내부에는 중앙에 칠성탱화와 왼쪽에 산신도, 그리고 오른쪽에 독성탱화(獨聖幀畵)가 봉안되어 있다. 칠성탱화는 조성기가 없지만 조선 후기의 작품으로 추측되며 산신도와 독성탱화는 1950년대에 제작된 불화이다.

칠성탱화는 가운데 높은 연화대좌 위에 결가부좌한 치성광여래를 중심으로 3단으로 배열한 군도 형식이다. 원형의 두광과 신광이 둘러진 치성광여래는 높다란 육계 위에 정상 계주와 중앙 계주가 표현되었고 아미타의 구품인을 하였지만 양손에는 아무런 지물이 없다. 무릎 좌우의 보관(普觀) 안에는 해와 달을 표현한 일광·월광보살이 협시하였다. 그 양 옆의 아랫단에는 홀을 받쳐들고 원유관을 쓴 판관 모습의 칠원성군 가운데 6구가 배치되었다.

중앙 부분의 맨 왼쪽에 칠원성군 1구와 칠불 가운데 2구, 오른쪽에 3구를 두고 윗단의 본존 신광 좌우에 반신상으로 표현된 나머지 2구의 부처를 배치하였다. 그 좌우에는 작은 크기로 5구씩의 동자와 천녀가 본존을 향해 합장한 모습이며, 그 위로는 양쪽에 이보다 더 작게 묘사된 도사와 판관 모습의 인물 1구와 원광(圓光)이 둘러진 3구씩의 동자상을 두었는데 3태 6성(三台六星)과 28숙(宿)의 일부를 그린 것으로 보인다.

특히 이 불화는 다른 칠성탱화에서 볼 수 없는 색다른 요소로서 아랫단 중앙의 흰 소가 본존 연꽃 대좌를 수레 위에 싣고 끌고가는 장면이 묘사되어 이채롭다.

현재 화기는 남아 있지 않지만 불상 머리에 높게 표현된 육계와 짙은 녹색과 붉은 색 위주의 차분히 가라앉은 색감에 간간이 쓰인 군청색 등으로 미루어 건륭 연간(乾隆年間, 1736~1795년)을 조금 지난 19세기 전반기의 작품으로 추정된다.

대웅전 앞 3층석탑

현재 대웅전 앞에 있는 탑은 계룡산 전각골의 절터에서 옮겨온 것이라 전한다. 지대석은 2매의 장방형 판석을 잇대어 만들고 이 위에 놓인 단층의 기단석 가운데 한쪽 면석에는 모서리기둥이 모각되었으며 나머지 부분은 자연돌을 끼워 보강하였다. 갑석은 부분적으로 마모가 있으나 윗면에는 별석처럼 2단을 이룬 모굴림 장식을 둔 뒤 탑신 아래로 다시 낮은 탑신 괴임을 조각하였다.

초층 탑신에는 모서리기둥과 한 면에만 문비와 자물쇠를 장식하였다. 위에 놓인 옥개석은 낙수면이 그다지 급격하지 않으면서 약간의 반전을 이루었고 하단에 층급받침을 4단으로 조각하였다. 2층 이상의 탑신은 높이가 급격히 줄어들었으나 3층 탑신은 현재

대웅전 앞 3층석탑 현재의 탑은 계룡산 전각골의 절터에서 옮겨온 것이라 전한다. 탑신에 보이는 문의 장식이나 4단의 옥개석 층급받침으로 미루어 고려시대 초기의 작품으로 추정된다.

남아 있지 않으며 옥개석 역시 많은 손상을 입었다. 상륜은 현재 노반만 남아 있다.

탑의 현재 높이는 167센티미터로 원래부터 규모가 그다지 크지 않은 소형 탑으로서 탑신에 보이는 문비 장식이나 4단의 옥개석 층급받침으로 미루어 고려시대 초기의 작품으로 추정된다. 충청남도 문화재자료 제58호.

동학사 부도군

동학사 경내에는 현재 11기의 부도가 확인된다. 길상암 약간 못미쳐 문수암으로 가는 길목에 1기, 길상암 뒤편에 3기, 대웅전 서쪽으로 100미터 가량 떨어진 새로 지은 건물 뒤편에 나란히 서 있는 6기, 그리고 이 부도군에서 산기슭을 따라 북쪽으로 100미터 지점에 1기가 남아 있다. 이들은 모두 조선시대 후기 작품으로 상·중·하대의 기단부와 구형 탑신, 그리고 사모지붕의 옥개석을 구비한 형식이 6기이며 나머지는 일반적인 석종형 부도이다.

그 가운데 명문이 있어 탑명을 알 수 있는 작품으로는 길상암 뒤편의 추월당(秋月堂) 부도와 '뇌월당설민대사탑(瀨月堂雪敏大師塔)'이란 명문을 지닌 뇌월당 부도, 그리고 '고암당담보지탑(高岩堂擔寶之塔)'이란 명문의 고암당 부도가 있다.

한편 대웅전 서쪽 뒤편에 있는 6기의 부도 가운데 세 번째 작품은 동학사 부도 가운데 가장 완벽한 형태를 갖추면서도 세부 조각이 뛰어난 것이다. 전체 높이는 165센티미터 가량으로 상·중·하대 3단으로 기단부가 이루어졌고 탑신은 구형이며 방형을 이룬 옥개석 위에 커다란 보주를 올려 놓았다. 방형 지대석 위에 올려진 원형의 기단부 가운데 상·하대에는 8엽의 유려한 연화문을 각각 앙련과 복련으로 새겼고 폭이 좁은 중대석에는 위아래 2줄의 횡대(橫帶)를 띠 형태로 조각하여 변

동학사 부도군 대웅전 서쪽 뒤편에 있는 6
기의 부도로 모두 조선시대 후기 작품이다.
이 가운데 세 번째 작품(왼쪽)은 동학사 부도
가운데 가장 완벽한 형태를 갖추면서도 세부 조
각이 뛰어난 수작이다.

화를 주었다. 거의 원형에 가까운 탑신 위로는 우진각 지붕 형태를 지닌 방형 옥개석이 올려져 있는데, 약간의 반전을 이룬 처마 끝의 전각이 두텁고 낙수면과 네 귀에는 용머리를 정교하게 새기고 있는 점이 이채롭다. 옥개석의 아랫면에도 목조 건물의 가구 형태를 모방한 듯한 약간의 장식이 첨가되었다. 정상에는 커다란 보주가 별도로 끼워져 있다.

묘암당 대사 유허비

길상암 뒷편에 3기의 부도와 함께 서 있는 것이 장방형의 묘암당(妙嚴堂) 대사비이다. 비좌는 현재 땅에 묻혀 있으며 가로 6센티미터, 세로 12센티미터, 높이 82센티미터의 비신 상단부는 반원형을 이루도록 둥글게 다듬었다. 비신 앞면에는 '가선대부겸팔도통섭묘암당대사문구세대유허비(嘉善大夫兼八道統攝妙嚴堂大師文口世代遺墟碑)'라는 비명과 대사의 상좌(上佐) 3인의 법명을 음각하였다. 뒷면에는 '옹정2년갑진2월조립 화주 도정원(擁正二年甲辰二月造立 化主 道政元)'이라는 조성기가 있어 이 비가 경종 4년(1724)에 묘암당 대사를 추모하기 위해 세워진 유허비(遺墟碑)임을 알 수 있다.

계룡산 남매탑

동학사에서 북쪽으로 2킬로미터쯤 올라가면 비로봉 바로 밑의 편평한 대지에 2기의 탑이 있다. 백제가 멸망한 뒤 어느 남매가 와서 수도하던 곳이라는 전설을 지니고 있어 그 이름도 일명 남매탑, 또는 오뉘탑이라고 불린다. 이 양 탑이 있는 대지 바로 밑의 평탄한 지역은 청량사터로 알려져 왔는데, 근래에 이루어진 발굴 조사 결과 실제로 '청량사'라는 명문을 지닌 기와가 출토되어 이를 입증하게 되었다. 이 밖에 많은 수의 백자편과 동전이 발견되었으나 대체로 조선시대 유물이 대부분인 점으로 보아 탑이 제작된 이후에 세워진 그다지 오래지 않은 절터로 추정된다.

2기의 석탑은 각각 5층과 7층으로 5층석탑 바로 뒤에 7층석탑이 서 있어 쌍탑의 배치를 보이지만 두 탑은 양식면에서 약간의 차이를 보인다.

우선 5층석탑은 부여 장하리(長蝦里)의 3층석탑, 서천의 비인(庇仁) 5층석탑, 정읍 은선리(隱仙里) 5층석탑과 같은 백제 석탑 양식을 모방한 고려 석탑으로 추정된다. 단층을 이룬 기단 위에 올려진 초층 탑신부는 3장의 기다란 판석을 세워 모서리기둥을 표현하였고 옥개석 아래로는 2단의 옥개받침을 만들었다. 옥개석은 4장의 판석을 맞붙인 평박한 모양으로 반전은 거의 없이 낙수면이 완만히 처리되어 정림사탑에서 볼 수 있는 백제계 양식이 잘 나타나 있다.

2층 탑신도 역시 초층과 동일한 구조이지만 3층 탑신부터는 높이가 급격히 감소되고 한 장의 돌로 만들어졌다. 5층의 옥개석은 남아 있지 않으나 노반석(露盤石)과 보주의 상륜 일부가 올려져 있다. 전체적으로 고준한 고려 양식을 보여 주는 석탑이면서도 단층의 기단과 탑신, 옥개석 능의 부재가 모두 별개의 석재로 조성되어 결구된 점 등은 백제 석탑을 계승한 복고적 양식임을 알 수 있다.

7층석탑은 단층 기단 위에 초층 탑신이 높게 솟아 있어 어딘지 불안정한 느낌이다. 기단부는 면석 양쪽에 기다란 판석을 결구하여 모서리기둥처럼 만들고 상부에 둔중한 장방형 갑석을 얹은 단순한 구조이다. 이 위에 놓인 초층 탑신에는 모서리기둥의 표현이 없이 문비만을 조각하였고 상부에 몇 개의 판석을 놓아 옥개받침을 만들었다.

옥개석 아래에 조각된 2단의 층급받침은 모두 한 돌로 구성되었다. 옥개석 끝단은 살짝 반전을 이루었으나 전각부(轉角部)의 곡선은 전형적인 고려 탑의 요소를 보여 준다.

상륜에는 노반과 일부 부재만 남아 있고 2층과 3, 4층의 탑신은 결실되거나 일부 새로운 부재가 끼워져 있는 등 무너진 것을 재건하는 과정

남매탑 백제국이 멸망한 뒤 어느 남매가 와서 수도하던 곳이라는 전설이 있다. 2기의 석탑은 각각 5층과 7층으로 쌍탑의 배치를 보이지만 양식면에서 약간의 차이를 보인다.

에서 원래의 모습에서 많은 변형이 이루어진 것으로 보인다. 두 작품 모두 고려시대의 것으로 추정되지만 7층석탑은 통일신라시대에 제작된 것으로 보는 견해도 있다.

높이는 5층석탑이 4.8미터, 7층석탑이 6.9미터이며 최근에 각각 보물 제1284호와 보물 제1285호로 지정되었다.

참고 문헌

◆ 갑사

『삼국유사(三國遺事)』

『송고승전(宋高僧傳)』

『신증동국여지승람(新增東國輿地勝覽)』

『조선왕조실록(朝鮮王朝實錄)』

『화엄경현담(華嚴經玄談)』

『사찰보물목록첩』, 국사편찬위원회 소장 필사본, 1911.

「충청남도사찰사료집」, 『불교학보』 2, 1964.

공주대학교박물관 · 충청남도 공주시, 『공주문화유적』, 1995. 11.

문화재관리국 문화재연구소, 『괘불조사보고서』, 1992.

─────────────── , 『사찰소장불화조사』(경기도, 강원
　　도, 충청남북도), 1989.

백제문화개발연구원, 『계룡산지역의 유적과 유물』, 1995.

─────────── ,「공주군편」, 『충남지역의 문화유적』 제2집,
　　1988.

충청남도, 「사찰편」, 『문화유적총람』, 1990.

─── ,「제3장 계룡산의 불교유적」, 『계룡산지』, 1994. 8.

충청남도지편찬위원회, 『충청남도지』, 1979.

강귀수, 「계룡산지역 조사연구보고」, 논문집 16, 공주사범대학교,
　　1978.

권상로, 『한국사찰전집』, 동국대출판부, 1979.

윤용진, 「계룡산지역의 학술조사보고」, 『공주교육대학교 논문집』 6,
　　공주교육대학교, 1969. 12.

이해,「유계룡산기」,『경제선생유고』, 미간본;『능률문화』5, 1992.

◆ 동학사

『계룡산동학사사적』

『신증동국여지승람』

『조선불교통사』上

『한국불교전집』권8

『헌종실록(憲宗實錄)』

『동소유고(桐巢遺稿)』, 회상사, 1985.

『문화유산－명찰』, 한국문원, 1996.

『사찰보물목록첩』, 국사편찬위원회소장 필사본, 1911.

「충청남도사찰사료집」,『불교학보』2, 1964.

문명대,『한국의 불화』, 열화당, 1979.

빛깔있는 책들 103-41

갑사와 동학사

글 | 박남수, 심대섭, 최응천
사진 | 박보하

초판 1쇄 발행 | 1999년 12월 30일
초판 2쇄 발행 | 2020년 09월 20일

발행인 | 김남석
발행처 | ㈜대원사
주　 소 | 06342 서울시 강남구 양재대로 55길 37, 302
전　 화 | (02)757-6711, 6717~9
팩시밀리 | (02)775-8043
등록번호 | 제3-191호
홈페이지 | http://www.daewonsa.co.kr

(巴) 값 13,000원

ⓒ Daewonsa Publishing Co., , Ltd
Printed in Korea 1999

이 책에 실린 글과 사진은 저자와 주식회사 대원사의 동의 없이는
아무도 이용할 수 없습니다.

ISBN | 978-89-369-0230-8 (89-369-0230-X) 04220
ISBN | 978-89-369-0000-7 (세트)